Zander
Wie der Erzbischof von Köln heiraten mußte

Hans Conrad Zander

Wie der Erzbischof von Köln heiraten mußte

Das Beste aus Zanders
Universaler Kirchengeschichte

Patmos Verlag Düsseldorf

Die Deutsche Bibliothek – CIP-Einheitsaufnahme

Zander, Hans Conrad:
Wie der Erzbischof von Köln heiraten musste : das Beste aus
Zanders Universaler Kirchengeschichte / Hans Conrad Zander.
– 2. Aufl. – Düsseldorf : Patmos-Verl., 1995
ISBN 3-491-72324-8

© 1995 Patmos Verlag Düsseldorf
Alle Rechte vorbehalten
2. Auflage 1995
Seiten 40–47 und 72–81 aus: Hans Conrad Zander,
Zanderfilets. Kabinettstücke
aus der Rumpelkammer der Geschichte,
Kreuz Verlag, Stuttgart 1993.
Umschlagbild: © Borislav Sajtinac
Umschlaggestaltung: Annelie Sroka, Kiel
Gesamtherstellung: Bercker GmbH, Kevelaer
ISBN 3-491-72324-8

INHALT

1. Stück
WIE DER ERZBISCHOF VON KÖLN HEIRATEN MUSSTE
Worin wir lernen, daß es besser wäre,
wenn der Erzbischof von Köln freiwillig
heiraten täte.

Hat es je etwas Lästerlicheres gegeben, etwas Empörenderes als jene »Pasquille« – jene Schmähschrift –, die sich im Winter 1582 die Bürger am Rhein, die Bauern in Westfalen nur so aus der Hand rissen? Sie zeigte, hoch auf dem ehrwürdigen Stuhl des Erzbischofs von Köln, eine freche Weibsperson, und dazu, frecher noch, den gereimten Spruch:

»Ich von Gottes Gnaden bin
Zu Köln am Rhein die Bischöfin.«

Im kirchenlateinischen Original:

»Ego Dei gratia
Colonie episcopa.«

Agnes von Mansfeld! Die unselige Geschichte dieser Frau nimmt ihren Anfang so, wie alles Unheil im heiligen Köln seinen Anfang zu nehmen pflegt: nämlich damit, daß die Kölner Domherren anno 1577, bei der Wahl des neuen Erzbischofs, unserem Heiligen Vater in Rom den schuldigen Gehorsam störrisch versagten.

Ernst von Bayern hieß der Kandidat des Papstes. Wie geeignet er für das Amt des Erzbischofs von Köln war, ist allein daraus zu ermessen, daß er bereits als zartes Knäblein von elf Jahren in Köln Domherr gewesen war, dann, immer noch im sehr zarten Alter von zwölf Jahren, Bischof irgendwo in Bayern. Wo immer Ernst von Bayern hernach, quer durch Deutschland, Bischof wurde, kamen, in seinem Tross, zur Erziehung der feinen Leute die Jesuiten, zur Erziehung der weniger feinen Leute die Hexenjäger. In Köln, wo man sich sehr wohl an ihn erinnern konnte, wo man ihn schon als elfjähriges Domherrchen ein bißchen allzu tyrannisch gefunden hatte, herrschte über den Kandidaten des Papstes, bei aller Liebe zu unserer Mutter, der heiligen Kirche, unverhohlene Beklemmung.

Unter dem Vorwand, am Rhein drohe die Pest und die Domherren könnten sich, wenn sie zur Bischofswahl zusammenträten, gegenseitig mit der schlimmsten aller Seuchen anstecken, verschob das Domkapitel die Wahl über viele Monate. In der Zwischenzeit wurde gewissenlos geklüngelt. Als zum Schluß alles nur noch von einer Stimme abhing, fand sich in Domherr Novimola ein Judas, der bereit war, unseren Heiligen Vater für tausend Gulden in bar sowie für zwei Faß Wein schmählich zu verraten.

Und dann, am 5. Dezember 1577, endlich die Abstimmung. Alle »improbi et suspecti«, alles Lumpenpack von Köln, heißt es in einem päpstlichen Bericht, habe laut gejubelt über das Ergebnis, ehrbare Bürger hätten gar, zuhauf, mitten im Hohen Dom vor Freude ihre Büchsen abgefeuert: Mit 10 zu 12 Stimmen war der päpstliche Kandidat geschlagen.

Nicht Ernst von Bayern zu sein war freilich die einzige Qualität des neugewählten Kölner Erzbischofs. Gebhard Truchseß von Waldburg war ein schwäbischer Edelmann von erschütternder Banalität. Er sei, berichtet seufzend der päpstliche Nuntius Castagna nach Rom, »nicht gescheit und nicht gebildet«. Aber das sei nicht so schlimm: Bildung gelte im deutschen Adel ohnehin als »unschicklich«. Er sei dem »starken Trunke« ergeben. Aber das sei auch nicht so schlimm: Sauferei gelte im deutschen Adel »eher als Tugend«. Eine dritte Eigenschaft Gebhards übergeht der päpstliche Nuntius pietätvoll. Der neue Kölner Erzbischof, so erfahren wir aus anderen Quellen, sei in der Tat dumm, dafür aber habe ihn, wie häufig in solchen Fällen, »die gütige Mutter Natur« ausgestattet mit einem besonders starken Drang zum schönen Geschlecht.

Es lebte aber zu jener Zeit, am Rhein bei Düsseldorf

> *»ein Weib,*
> *schlecht von Seele,*
> *gut von Leib.«*

Das war, uns bereits bekannt, das schöne Fräulein Agnes von Mansfeld. Als Chorfrau lebte sie in dem Stift Gerresheim bei Düsseldorf, jedoch nicht aus Frömmigkeit, sondern nur, weil ihr Vater, der Graf von Mansfeld, so verschuldet war, daß er seiner Tochter Agnes keine Mitgift bezahlen und ihr deshalb, so schön sie war, keinen standesgemäßen Ehemann besorgen konnte. Kaum eingetreten in das fromme Stift, war Fräulein von Mansfeld schon wieder, wie man damals sagte, »auf dem Verlaufe«.

Besonders oft lief sie zu ihrer Schwester Maria, die mit ihrem Mann, einem Freiherr von Kriechingen, am Hof des Kölner Erzbischofs lebte. Unablässig steckten diese beiden Frauen die Köpfe zusammen: Wenn schon, mangels Mitgift, kein Mann die schöne Agnes heiraten wollte, warum dann nicht einen Mann zur Heirat zwingen? Und warum nicht gleich jenen Mann, der im ganzen Erzbistum Köln zweifellos als die beste Partie zu betrachten war? In einer windigen Winternacht, nach der Vesper im Hohen Dom, entwarfen die beiden Schwestern einen abgefeimten Plan:

>>*Ego Dei gratia*
Colonie episcopa.<<

>>*Von Gottes Gnaden will ich sein*
Bischöfin zu Köln am Rhein.<<

Als erstes, heißt es, sicherte sich Agnes von Mansfeld die Dienste eines italienischen Schwarzmagiers, der sich mit dem Namen Conte Scotto schmückte. Eines Nachts, als er die Kölner Kurie bei Tisch mit seinen teuflischen Künsten unterhielt, ließ der italienische Zauberer Erzbischof Gebhard in einen Hohlspiegel blicken. Und siehe, es sah der Erzbischof von Köln in dem magischen Spiegel ein Weib von so unaussprechlichen Reizen, daß er ihr auf der Stelle >>mit rasender Liebe<< verfiel. In einem Bonner Haus mit dem schönen Namen >>Zum Rosenthal<< sanken die beiden, der törichte Erzbischof von Köln und die schöne Chorfrau aus Düsseldorf, in die Pfühle fleischlicher Erquickung.

Die Feder sträubt sich, jene wüsten Feste zu beschreiben, die bald darauf in Brühl stattfanden, wo manchmal 250 Pferde vor dem Schloß die ganze Nacht mit den Hufen scharrten, während drinnen das schöne Fräulein aus Düsseldorf dem erzbischöflichen Gelage mit schamlosem Gelächter vorsaß. Wie gar in der berüchtigten >>Orgie von Bonn<< ein blutjunger Edelknabe und ein feister Franziskanermönch, Agnes zum Ergötzen, um

Mitternacht einen sodomitischen Tanz aufführten, darüber schweigt des Sängers Pietät.

Was wollte dieses zügellose Weibsbild in seinem widernatürlichen Ehrgeiz noch alles werden? Bischöfin? Erzbischöfin? Päpstin gar? Frech pfiffen es in Bonn die Spätzinnen von den Dächern, frech pfiffen es in Köln die kleinen Mädchen auf der Gasse nach:

>*Ego Dei gratia
Colonie episcopa.*«

Es war in der Kanzlei zu Bonn, an einem kalten Januartag des Jahres 1582, als plötzlich die Brüder der Agnes von Mansfeld mit gezogenem Degen den ahnungslosen Erzbischof umstellten. Was er sich denn eigentlich gedacht habe die ganze Zeit, fragte hohnlachend der erste Bruder. Ihre keusche Schwester zu verführen und zu entjungfern, sagte grimmig der zweite Bruder. Mit dieser Schandtat, sagte drohend der dritte Bruder, habe er die Ehre des edlen Geschlechts Derer von Mansfeld so beleidigt, daß er jetzt wählen müsse. Entweder verspreche er auf der Stelle, Agnes zu heiraten, oder er sei des Todes. Mit diesen Worten setzten alle drei Brüder dem entgeisterten Erzbischof von Köln den Degen auf die Brust.

Tod oder Ehe – vor diese Wahl gestellt, entschied sich Erzbischof Gebhard auf der Stelle für die Ehe. Und von Mund zu Mund, de Rhing erop, de Rhing erav, ging die rheinische Hiobsbotschaft: »Unse Etzbischof muß hirode.«

Ausweglos saß Gebhard in der Klemme. Dem Papst hatte er den Zölibat versprochen, dem Fräulein von Mansfeld die Ehe. Überdies saß er, nach Jahren ausschweifenden Lebens, tief in den Schulden. Plötzlich kam ihm eine Idee. Er sei bereit, ließ er verlauten, als Erzbischof zurückzutreten, falls ihm das Erzstift und die Stadt für diesen schmerzlichen Verzicht eine standesgemäße Abfindung bezahlten.

Auf dieses dreiste Ansinnen antworteten die Kölner mit einhelliger Empörung. Heiraten will schließlich jeder. Schon Gebhards Amtsvorgänger, Erzbischof Salentin von Isenburg, war mit einer fetten Abfindung aus dem Amt geschieden, um zu heiraten. Allerdings aus anständigeren Gründen. Sein Bruder war gestorben, und sein Geschlecht wäre, ohne sein Zutun, ausgestorben. Würde es zur Gewohnheit, daß alle paar Jahre der Kölner Erzbischof, nur um zu heiraten, mit einer fetten Abfindung zurückträte, dann, so sagten sich die Kölner, wären sie bald pleite.

In dieser verzweifelten Lage wußte Agnes von Mansfeld Rat. Er brauche ja nur evangelisch zu werden, blies das raffinierte Weib dem törichten Kirchenfürsten ins Ohr. Als evangelischer Erzbischof von Köln könne er heiraten. Auf alle Fälle könne er dann als Kurfürst von Köln, Seite an Seite mit ihr, weiter herrschen am Rhein.

Auf diesen unseligen Rat fiel Erzbischof Gebhard blind herein. Am 19. Dezember 1582 sagte er sich zu Bonn feierlich von der »Finsternis des Papsttums« los.

Jetzt bekam er es aber mit dem Heiligen Vater persönlich zu tun. Unmöglich konnte Papst Gregor XIII. zulassen, daß die Katholische Kirche das wichtigste deutsche Bistum durch die Intrigen einer heiratslustigen Frau verlor. 100 000 Gulden schickte der Heilige Vater auf der Stelle nach Köln, um hohe Persönlichkeiten zu bestechen und um Kriegsvolk anzuwerben gegen den Abtrünnling.

Und mit dem Kaiser bekam es Gebhard jetzt zu tun.

14

Schon waren drei der sieben Kurfürsten evangelisch. Unmöglich konnte das Haus Österreich zulassen, daß mit dem Kölner Erzbischof ein vierter Kurfürst des Reiches evangelisch würde und somit, horribile dictu, der nächste Kaiser ein Protestant.

Vor allen Dingen bekam es Gebhard jetzt mit den Kölnern zu tun. Stur päpstlich waren sie weiß Gott nicht. Tausende von protestantischen Flüchtlingen aus den Niederlanden hatten sie voll ökumenischer Barmherzigkeit aufgenommen. Allerdings nur protestantische Flüchtlinge mit Geld. Ungleich wichtiger als das ökumenische Geschäft aber war für sie das Geschäft mit der katholischen Frömmigkeit. Mit seinen unzähligen Reliquienschreinen und Ablaßbildern, mit über tausend Altären zog Köln, das damals nur 40 000 Einwohner zählte, an Festtagen über hunderttausend Pilger an. Und alle verdienten daran: die Wirte und die Gastwirte, die Goldschmiede, Brokatweber und Goldfadenspinner, die Huren, die Bettler und die Diebe. Und wer nicht an der Frömmigkeit selber verdiente, der verdiente in Köln am Handel mit den streng katholischen spanischen Niederlanden. Wurde der Erzbischof evangelisch, so waren die Geschäfte der Kölner ruiniert.

O wie da mit einem Mal zu Köln am Rhein die Tränen der Reue flossen. Wie die Bürger der Stadt vor tausend Altären flehentlich gelobten, hinfort in allen Dingen dem Heiligen Vater zu gehorchen. Wie die Kölner Domherren bußfertig zusammentraten, um an Stelle des exkommunizierten Gebhard gehorsamst, sofort und einstimmig jenen zum Erzbischof zu wählen, der von Anfang an des Papstes Kandidat gewesen war: den gräßlichen Ernst von Bayern.

15

Inzwischen, am 5. Februar 1583, hatten Gebhard und Agnes in Bonn geheiratet. Nie hat am Rhein eine unwürdigere Hochzeit getanzt. Noch war die Feier nicht zu Ende, da war Agnes von Mansfeld schon fieberhaft damit beschäftigt, in Brühl und Bonn den Silberschatz des Erzbistums zu plündern und ihn, in Fässern verpackt, über den Rhein zu schaffen. Dann, während die Flammen des Glaubenskrieges am Rhein und in Westfalen hell auflodern, ritten die beiden, hussa, heissa, ab nach Dillingen in die Flitterwochen.

Acht schreckliche Jahre dauerte der »Kölnische Krieg«. Der Herr der Heerscharen, ihr wißt es wohl, war mit den katholischen Waffen. Der Kölner Dom blieb, Gott sei Dank, katholisch.

Was aber ist aus Agnes von Mansfeld geworden, der einzigen Frau, die sich je in den Kopf gesetzt hat, Erzbischöfin von Köln zu werden? »Ellendig« und »erbarmlich«, so berichtet der kölnische Kanzler Burkhart, habe sie ihre Tage im Exil vollendet, zuerst in Holland, dann in Straßburg, von ihrem glücklosen Gatten zum Schluß »vast halb tod geschlagen«. Und Mering, der Kölner Stadthistoriker, faßt ihr Schicksal zusammen in den Satz, es habe, was »im Rosenthale« begann, sein Ende gefunden »im Thränenthal«.

Was lehrt uns das?

Es lehrt uns, wie klug und weise unser Heiliger Vater in Rom handelt, wenn er, seit jenen fatalen Wirren um die ruchlose Agnes, die Kölner Domherren mit väterlicher Strenge zwingt, von vornherein den Richtigen zum Erzbischof zu wählen, auf daß niemals mehr in Kölns

Geschichte, de Rhing erop, de Rhing erav, das freche
Frauenwort erklinge:

>*Ego Dei gratia*
Colonie episcopa.«

»*Von Gottes Gnad ich bin*
Zu Köln die Bischöfin.«

2. Stück
WIE DIE HEILIGE PAULA DEN ZÖLIBAT ERFAND
Worin wir den heiligen Hieronymus näher kennenlernen.

Ungeheuer war, anno 385, die Aufregung in Rom. Auf den Straßen tobten die Heiden, in den Kirchen tobten die Christen. Ganz Rom schien zu toben gegen einen einzigen Mann. Ich spreche seinen Namen mit Ehrfurcht aus: Eusebius Sophronius Hieronymus.

Der heilige Hieronymus gilt heute als der größte Gelehrte der späten Antike. Als »Kirchenvater« und als »Kirchenlehrer« verehren wir ihn. Als einer der größten Heiligen des Altertums wird er auf allen Altären der katholischen Welt gefeiert. Warum dann trat im August 385 eigens ein römisches Konzil zusammen, um einen so großen Heiligen mit Schimpf und Schande aus der Heiligen Stadt zu verbannen?

Das liegt daran, daß der heilige Hieronymus, mitten in Rom, eine Sache vertreten hat, die wenig Freunde hat. Wenig Freunde unter den Heiden, wenig Freunde, ach, auch unter den Christen. Der heilige Hieronymus war ein leidenschaftlicher Prediger der Keuschheit. In die Kirchengeschichte ist er eingegangen als Apostel des Zölibats.

Freilich wissen wir aus der feministischen Theologie, daß überall dort, wo ein Mann als Heiliger verehrt wird, das wirkliche Verdienst einer heiligen Frau zukommt, die zu Unrecht in seinem Schatten stand. Betrachten wir die römischen Kampfjahre des heiligen Hieronymus unter diesem feministischen Gesichtspunkt, so fällt etwas Verblüffendes auf: Im Schatten dieses großen Zölibatsapostels hat nicht etwa nur *eine* Frau gestanden, sondern eine ganze Frauen*bewegung*.

Die heilige Marcella und die heilige Lea, die heilige Albina und die heilige Principia, die heilige Blaesilla und die heilige Asella, die heilige Praetextata und die heilige Fabiola, die heilige Titiana und die heilige Furia – nicht irgendwelche Betschwestern waren das um den heiligen Hieronymus, sondern die reichsten, die mächtigsten, die gebildetsten Frauen von Rom. Doch keine war so reich, so mächtig, so gebildet wie die Frau, die im gemeinsamen Kampf für den Zölibat zu seiner Lebensgefährtin werden sollte. Das ist die heilige Paula.

Aus dem Geschlecht der Scipionen und der Gracchen stammte Paula. In dieser unerhört tapferen und intelligenten Frau, so urteilt Montalembert, hat sich der Geist der römischen Republik ein letztes Mal verkörpert. Was konnte eine Frau von solchem Format, von solchem Reichtum bewegen, einen Keuschheitsprediger zu betreuen, einen Zölibatsapostel zu finanzieren?

Wer eine Antwort auf diese Frage sucht, der fahre nach Pompeji und schaue sich dort mit eigenen Augen in der späten Antike um: Sex von oben, Sex von unten, Sex von vorne, Sex von hinten, an allen Wänden nichts als Sex. Kitschiger Sex, ordinärer Sex – was auffällt, ist der schlechte Geschmack, ist die billige Aufdringlichkeit all dieser Fresken und Graffiti. Der berühmte »Phallus auf der Waage« zum Beispiel ist bestenfalls eine Illustration zur These des Erasmus von Rotterdam, daß der Penis das »dümmste aller Glieder« des Menschen sei.

Nicht an den Orgien eines Nero, nicht an den Ausschweifungen eines Caligula ist Rom zugrunde gegangen. Viel unerträglicher war jener banale sexuelle Alltag der späten Antike, wie er in Pompeji anschaulich erhalten ist: dieser geistlose Konformismus allgemeiner Sexgläubigkeit, diese grinsende Allgegenwart des Ordinären, diese spießige Normalität des Obszönen, für die britische Historiker den Begriff »lascivious rectitude« geprägt haben. Das heißt auf deutsch »Geilheits-Konformismus«.

Die meisten Frauen mußten sich das gefallen lassen. Aber nicht alle. Nicht die Frauen, die finanziell unabhängig waren. Das waren die unverheirateten Frauen mit Geld, vor allem die steinreichen Witwen aus dem römischen Patriziat. Wie zum Beispiel Marcella und Paula.

Maßlos war die Erbitterung dieser Frauen aus den großen alten republikanischen Familien. Der Niedergang Roms in der politischen Diktatur und im Konformismus der Sexgläubigkeit, in ihren Augen war es ein und dasselbe. Rom war verkommen zur »cloaca maxima«. Und es gab keine Rückkehr zur alten römischen Familienordnung. Es gab nur den großen Sprung nach vorn. Ins Christentum. In die Keuschheit.

Simone de Beauvoir hat einmal gesagt, für die moderne Frauenbewegung gebe es in der Vergangenheit kein anderes Vorbild als die reichen Frauen. Nur reiche Frauen nämlich konnten sich, früher schon, die Selbstbestimmung *leisten.* Im Palast der heiligen Marcella auf dem Aventin, im römischen Stadt-Salon der heiligen Paula beginnt die Emanzipationsbewegung des 4. Jahrhunderts, die Frauenbewegung für Keuschheit und Zölibat.

Was die reichen Witwen vormachten, das machten bald die reichen Töchter nach. Bei den Christen waren

20

sie, wenn sie das Gelübde der Jungfräulichkeit ablegten, hochgeachtet. Gleichzeitig behielten sie, weil keinem Manne untertan, die Verfügung über ihr Geld.

Die kleine Schar der Männer, die mit diesen Frauen gemeinsame Sache machten, war von anderem Schlag. In heutige Begriffe übertragen war der heilige Hieronymus der führende Kopf unter den römischen Linksintellektuellen.

Was ist ein Linksintellektueller? Das ist ein Mann, der mit allen andern Streit hat, weil er gegen das Böse kämpft, an dem die andern schuld sind. Bös ist zum Beispiel die Umweltverschmutzung. Im 4. Jahrhundert gab es leider noch keine Umweltverschmutzung. Was ein rechter Linksintellektueller war, der kämpfte, ersatzweise, gegen die moralische Umweltverschmutzung und machte, wie der heilige Hieronymus, als Keuschheitsapostel intellektuelle Karriere.

Es war ein kleiner Unterschied zwischen der heiligen Paula und dem heiligen Hieronymus, wenn sie ihn in ihrem eleganten römischen Salon empfing: *Sie*, die hochgebildete, reiche Erbin Scipios, *er*, der intellektuelle Emporkömmling aus der dalmatinischen Provinz, von so obskurer Herkunft, daß die Angaben über seine Geburt um fünfzehn Jahre auseinanderklaffen. *Sie* war die römische domina, die hohe Lady, die ihm ihr Ohr gnädig neigte, die ihn förderte, ihn zum großen Keuschheitsapostel aufbaute. Und der es doch im Jahr 385 nicht gelang, ihn vor den empörten Machos zu schützen und seine Abschiebung aus Rom zu verhindern.

Was jetzt beginnt, ist eines der klassischen Motive der abendländischen Malerei: Hieronymus ganz allein im Exil zu Bethlehem. Hieronymus der Einsiedler, versunken ins Studium und ins Gebet. »Hieronymus im Gehäuse.« So haben sich das die Maler später vorgestellt. So hatte sich das wohl auch der heilige Hieronymus selber vorgestellt, als er aus Rom nach Bethlehem floh. Doch er hatte, nicht ganz zufällig, seine zölibatäre Rechnung ohne die Frauen gemacht.

Während sich nämlich der heilige Hieronymus in seinem Gehäuse in Bethlehem gemütlich einrichtete, froh, den ganzen Tag Zeit und Ruhe zu haben fürs Schreiben, herrschte daheim in Rom, im Salon der heiligen Paula, die größte Unruhe: War es nicht verantwortungslos gewesen, den heiligen Hieronymus allein abreisen zu lassen? Würde er zurechtkommen, ein hilfloser Intellektueller wie er, einsam im Exil?

Alsbald stach ein Schiff in See. An Bord Hunderte von Jungfrauen und Witwen aus den vornehmsten Kreisen. Die gesamte römische Frauenbewegung war aufgebrochen. Auf der Kommandobrücke, samt ihren Töchtern Eustochia und Blaesilla, die heilige Paula. Auf zum heiligen Hieronymus!

Hieronymus hatte sich in Bethlehem niedergelassen, um die gesamte Heilige Schrift aus dem Hebräischen und dem Griechischen ins Latein zu übersetzen. Diese Übersetzung, die »Vulgata«, hat er auch vollendet. Moderne Exegeten freilich lassen an der Bibel des heiligen Hieronymus kein gutes Haar. Die Übersetzung sei voll von Schludrigkeiten, von Auslassungen und von krassen Fehlern.

Wen wundert das! Während Hieronymus die Bibel übersetzte, herrschte, rings um sein Gehäuse, nicht himmlische Ruhe, sondern höllischer Baulärm. Nach kurzem Augenschein in Bethlehem war die heilige Paula

nämlich zum Schluß gekommen, daß der große Zölibatsapostel zu unselbständig sei, um allein im Exil zu leben.
Daß er der Betreuung bedurfte. Und sie begann zu
bauen.

Nach ihrem Prinzip »Geld spielt keine Rolle« stampf-
te die heilige Paula drei große Frauenklöster aus dem
Sand, die das winzige Gehäuse des heiligen Hieronymus
von allen Seiten machtvoll umwallten. Sogar so etwas
wie ein antikes Telephon, oder besser: eine antike Fax-
verbindung installierte die heilige Paula, nämlich einen
stündlichen Kurierdienst zwischen ihrer eigenen Zelle
und dem Gehäuse des heiligen Hieronymus. Stündlich
von der heiligen Paula inspiriert, stündlich von ihr gema-
nagt, schrieb der heilige Hieronymus fortan einen Trak-
tat »De Virginitate« (»Über die Keuschheit«) nach dem
andern. Finanziert von der heiligen Paula, überfluteten
seine Streitschriften für den Zölibat aus Bethlehem das
Römische Reich.

Es ist jetzt wichtig zu wissen, daß es im Altertum
einen blühenden Bildungstourismus gab. Zur Bildung
eines jungen Römers gehörte eine Reise nach Ägypten.
Vor allem für höhere Töchter aus gutem Hause war
Ägypten ein kulturelles Must.

Plötzlich war eine Bildungsreise nach Ägypten nicht
mehr denkbar ohne einen frommen Abstecher nach
Bethlehem. Hieronymus selber beschreibt das ungeheure
Gewimmel suchender junger Menschen, die bald danach
aus dem ganzen Imperium in Bethlehem zusammen-
strömten. Als wäre es das Taizé der Antike.

Genau wie heute in Taizé um Bruder Roger, genauso
andächtig saßen die jungen Christinnen und Christen in
Bethlehem dem heiligen Hieronymus zu Füßen. Und

wenn abends die Lagerfeuer aufloderten, stiegen aus unzähligen Kehlen die Lieder der neuen Jugendbewegung
zum Himmel. Es müssen, nach italienischen Forschungen, mehrere tausend gewesen sein, die wie Schlager ums
Mittelmeer gingen, begeistert von Mund zu Mund: Lieder vom Zölibat und von der Jungfräulichkeit – Lieder
von Jesus, dem ersten keuschen Mann: »Jesu, corona
virginum . . .«.

Ob solchen Klängen verging den spätantiken Machos,
daheim in Rom, Hören und Sehen. Mit ein paar linken
Intellektuellen waren sie leicht fertiggeworden, mit einer
Frauenbewegung zur Not auch. Mit einer Jugendbewegung aus Bethlehem aber hatte keiner gerechnet. Eine
Jugendbewegung für Keuschheit und Zölibat, das war
zuviel. Zuerst kippte die öffentliche Meinung in Alexandrien. Dann kippte sie in Rom selbst. Am 30. September
419, als der heilige Hieronymus in seinem Gehäuse zu
Bethlehem steinalt starb, hatte die cloaca maxima am
Tiber sich geläutert zum Jungbrunnen des Zölibats.

Der Triumph des heiligen Hieronymus, der Triumph
der christlichen Keuschheit gilt als eine der erstaunlich-
sten Umwälzungen der europäischen Kulturgeschichte.
Und doch könne man sich in diesem Falle alle kompli-
zierten Erklärungen sparen, meint Havelock Ellis, der
große englische Sexualforscher.

Der heilige Hieronymus hat gesiegt, weil er die stär-
kere Sache vertrat. So geistlos, meint Ellis, sei die Sexgläubigkeit der späten Antike gewesen, so abgestanden
der ordinäre Konformismus der Schamlosigkeit, daß das
Keuschheits-Experiment der heiligen Paula und des heiligen Hieronymus die Jugend anziehen mußte mit dem
unerhörten Reiz des Revolutionären. Nur deshalb,

schreibt Ellis wörtlich, hat die Keuschheit aus Bethlehem Europa erobern können, weil ihr der Zauber eines neuen Erlebnisses eignete, einer herrlichen Freiheit und eines ungeahnten Abenteuers:

»If, indeed, it had not possessed the charm of a new sensation, of a delicious freedom, of an unknown adventure, it would never have conquered the European world.«

HULDIGUNG AN
ABRAHAM A SANCTA CLARA
Worin wir predigen lernen.

Aus dem Kloster der Augustiner in Wien, nahe der kaiserlichen Residenz, dringt gramerfüllt der Gesang der sieben Buß-Psalmen. Drinnen haben sich die Mönche um das Bett eines todkranken Mitbruders versammelt. Eben noch hat er, sich selber zur Erbauung, ein letztes Buch diktiert: »Die besonders meublierte und gezierte Todten-Capelle«. Jetzt liegt er mit geschlossenen Augen da. Die Brüder singen, für sein Seelenheil, gramerfüllt: »Averte faciem tuam a peccatis meis . . .«

Mit einem Mal regt sich die Hand des Todkranken. Als wolle er dem gramerfüllten Gesang Einhalt gebieten. Dann beginnen seine Mundwinkel zu zucken. Vor dem entgeisterten Chor seiner Mitbrüder beginnt der Sterbende zu lachen. Er lacht mit dem ganzen Gesicht. Und es ist kein bitteres, kein irres, kein hämisches Lachen. Es ist das Lachen eines Menschen, dem irgend etwas, was keiner der Umstehenden errät, ungeheuren Spaß macht. Wie, wenn das ganze gramerfüllte Leben, wenn selbst die besonders gramvoll meublierte und gezierte Todten-Capelle keine menschliche Tragödie wäre, sondern eine göttliche Komödie?

Mit diesem Lachen im Gesicht ist er gestorben, der größte Meister der deutschen Predigt: unser seliger Vater Abraham a Sancta Clara.

Natürlich ist Abraham a Sancta Clara ein barocker Klostername. Geboren ist der Wiener Prediger 1644 unter dem Namen Johann Ulrich Megerle als achtes Kind eines Leibeigenen in einem badischen Dorf. Bei den Jesuiten in Ingolstadt und bei den Benediktinern in Salzburg ging er zur Schule, war dann eine Weile Wallfahrtsprediger im bayrischen Kloster Saxa, wurde aber »wegen seiner Vortrefflichkeit in Kürze nach Wien citieret, allwo er einen ungemeinen Zulauf des Volkes durch seine wunderbarliche und angenehme Redeart an sich gezogen«.

Als wäre ganz Wien fromm geworden, so süchtig lief das Volk zu Abraham a Sancta Clara in die Predigt. Der Adel begann von ihm zu schwärmen. 1677 ernannte ihn Kaiser Leopold I. zum kaiserlichen Hofprediger.

Wenn Abraham a Sancta Clara vor dem kaiserlichen Hof predigte, dann ließ er sich von einem Meßdiener die Heilige Schrift auf die Kanzel bringen. Dort öffnete der Bub die Bibel auf einer beliebigen Seite und zeigte auf einen beliebigen Vers. Über diesen Vers, den er zuvor nicht kannte, predigte Abraham a Sancta Clara aus dem Stegreif.

Er predigte so fabelhaft, daß er unter den eigenen Ordensbrüdern, den Wiener Augustinern, Neider bekam. Abraham a Sancta Clara predige nicht aus dem Stegreif, behaupteten sie, er kenne seinen Bibelvers sehr wohl im voraus, und bei dem Bibelvers, den der Meßdiener scheinbar aufs Geratewohl auswähle, sei ein Trick, man wisse nur nicht welcher. Aber das werde man schon noch herauskriegen.

So geschah es im Jahr 1679, daß ein mißgünstiger Ordensbruder die Bibel in der Sakristei versteckte. Ohne den präparierten Vers würde sich Abraham a Sancta Clara vor der Welt bestimmt blamieren.

Und wieder hat sich der Adel des Reiches versammelt.

Das kaiserliche Paar höchstselbst hat Platz genommen, harrend des göttlichen Wortes. Da dringt unruhiges Gemurmel aus der Sakristei. Statt des Meßdieners steigt ein Priester zu dem Prediger auf die Kanzel. »Die Bibel«, flüstert er entsetzt, »ist weg.«

»Hier müßte meine Bibel sein«, ruft Abraham a Sancta Clara mit gewaltiger Predigerstimme: »Doch hier ist nichts ... Aus nichts hat Gott die Welt erschaffen!«

Eine volle Stunde predigte Abraham a Sancta Clara aus dem Stegreif über nichts. Und die Kaiserin hing an seinem Munde. Noch nie, sagte Kaiser Leopold danach, sei er so göttlich unterhalten worden.

Predigt als göttliche Unterhaltung? Das war, so meinen heute alle, der barocke Trick eines barocken Predigers, um Kaiser und Volk »religionspädagogisch in den Griff zu bekommen«. Ich bin sicher, daß Abraham a Sancta Clara sich dreimal bekreuzigt hätte auf seiner Kanzel in Wien, hätte er auch nur geahnt, was das 20. Jahrhundert, gramvoll genug, unter »Religionspädagogik« versteht. Mit Barock hat das Rezept seines ungeheuren Erfolgs erst recht nichts zu tun. Es ist – zwei Jahrtausende älter – nichts als das elementare Rezept der klassischen europäischen Rhetorik: »Primum movere, deinde docere.«

»Zuerst bewegen, dann belehren«, so wird das wörtlich übersetzt. Damit ist dem Wörtlein »docere« Genüge getan. Aber nicht dem Wörtlein »movere«. »Movere« kann Unterhaltung meinen, auch Rührung, aber auch Aufregung, ja genauso gut Publikumsbeschimpfung.

In der Publikumsbeschimpfung war Abraham a Sancta Clara Meister. Vor dem kaiserlichen Hof beschimpft er den Adel und spottet über die Beamten. Vor

Soldaten beschimpft er den Krieg und das Kriegshandwerk. Vor jungen Leuten beschimpft er die Torheit der Jugend. Vor alten Leuten beschimpft er die Torheit des Alters. Aber am liebsten beschimpft er natürlich, aus dem Stegreif, jenen Personenkreis, der ihm am liebsten zuhört:

»O die Weiber! Es ist besser, in der Wüsten sich aufhalten bei giftigen Reptilien, bei erschrecklichen Drachen, bei schädlichen Krokodilen, bei blutgierigen Tigern, bei zornigen Löwen, Bären und Wölfen als bei einem bösen Weib. Ein böses Weib ist der Schiffbruch ihres Mannes, ist ein steter Wetterhahn im Haus, ist eine übel lautende Klapperbüchsen, ist ein Ziehpflaster des Geldbeutels, ist eine Quartierstuben aller Bosheit, ein Friedhof der guten Tage, ist eine giftige Schlangen, ein bitteres Aloe, ist ein übler Sauerampfer, ist ein ewiger Blas-mich-an, ist eine Kommissarin der drei Furien, ist das letzte Gesätzlein im Vaterunser: ›Erlöse uns von allen Übeln‹, ist ein höllischer Brennspiegel, ist der Fröhlichkeit Kehraus, ist ein stets summendes Wespennest, ist des Vulcani sein Beisszang, ist eine Haspel der Ungelegenheiten, ist ein Jahrmarkt der Zankwörter, ist, ist, ist, ist – dass man's nit sattsam beschreiben kann.«

Betroffen holen wir Atem. Wie wird es weitergehen?

»Tace, tace! Schweig fein still! Still mit dergleichen. Ist denn nicht die seligste Mutter Gottes eine Magisterin und Lehrmeisterin gewest aller Apostel? Haben nicht Hildegardis und Theresia, zwei heilige Weibsbilder, so hocherleuchte Bücher geschrieben, dass sich auch tiefsinnige Theologen darüber verwundern? Und gar die Katharina

von Alexandrien. Diese hat in ihrer blühenden Jugend alle Naturwissenschaften dergestalt studiert und auch verstanden, dass die spitzfindigsten Philosophen bei ihr in die Schule gehen konnten. Und mussten warhaft bekennen, dass Wissenschaft sei feminini generis, dass die Weisheit eine Frau.«

Dies ist, um Himmels willen, keine Religionspädagogik. Schon gar nicht ist das jene säuerlich besserwisserische Vorurteilsbekämpfung, wie sie im späten 20. Jahrhundert aus den deutschen Schulstuben auf deutsche Kanzeln dringt. Es ist das pure Gegenteil.

Unterhaltung ist nämlich bei Abraham a Sancta Clara kein »Transmissionsriemen«, auf dem die vorgefaßte Besserwisserei religionspädagogisch geschickt »rübergebracht« wird. Abraham a Sancta Clara unterhält aus reiner Lust am Unterhalten. Mit barocker Unersättlichkeit überläßt er sich dieser klassischen Lust. Bis er, irgendwann in seiner Stegreif-Predigt, ganz von selber innehält: »deinde docere«. Jetzt hätte er, mit einem Mal, Lust auf einen Sinn.

Nicht selten kommt ihm dann – wie eben, in seiner Predigt über die Frauen – die Erkenntnis, daß das, was er den Leuten vorgeschwatzt hat, wenig Sinn hat. Vielleicht gar keinen Sinn. Das einzugestehen macht ihm den größten Spaß. Ungeniert stülpt er dann die eigene Erzählung ins Gegenteil um und geißelt den Unsinn, den er erzählt hat. Siehe, schon hat die Predigt einen Sinn.

Ein Prediger mit Selbstironie, so einer ist in deutschen Landen schwerem Mißverständnis ausgesetzt. Besonders bei jenen, denen die Gabe der Selbstironie fehlt. Gänzlich gefehlt hat sie dem schwäbischen Protestanten

Friedrich Schiller, der in »Wallensteins Lager« den österreichischen Augustinermönch einerseits zum Hanswurst
herabwürdigte, ihn andererseits, da's auf die Wahrheit
sowieso nicht draufankam, gleich noch zum Kapuziner
beförderte.

Es ist Schiller zugutezuhalten, daß er von Abraham a
Sancta Clara fast nichts gelesen und gar nichts gehört hat.
Das Wichtigste an seiner Predigt aber war nicht das Was,
sondern das Wie. So wie die Kutte den Mönch macht, so
macht den Prediger der Ton. Im Ton der Publikumsbe-
schimpfungen des Abraham a Sancta Clara lag etwas,
was Friedrich Schiller unverständlich war und fremd:
Sympathie für das beschimpfte Publikum. Herzliche
Sympathie.

Denn da schimpft kein schwäbischer Protestant, sondern ein österreichischer Katholik. Und er schimpft
nicht nur, weil Schimpfen Spaß macht, sondern weil er
jene mag, über die er schimpft. O wie er geschimpft hat
über die Frauen:

»Etliche oberflächliche junge Bürschlein, wann sie ein
freches Mägdlein auf der Gassen erblicken, welche in
ihrem Gang so beweglich ist wie eine Pendeluhr, den Hals
immer in die Höhe wirft wie ein türkisches Pferdchen,
ihre feurigen Blicke in alle Ecken ausschießet wie ein
glühendes Eisen unter einem Schmiedehammer, bei welcher es niemals einen Fasttag gibt, weil die obere Fleisch-
bank allezeit offen – von einer solchen sagt der nichtsnut-
zige Bursch: Schau, Bruder, das ist ein Mägdlein! Die hat
Feuer im Leib, ein wackeres Mägdlein, ein herziges, ge-
scherziges, galantes, charmantes Mägdlein!«

Das ist das eigentliche Geheimnis des ungeheuren Erfolgs, den Abraham a Sancta Clara auf der Kanzel hat: Allen sagt er die Wahrheit ungescheut; aber er sagt sie auf eine Weise, in der sich die Leute die Wahrheit gerne sagen lassen:

> *»Meine Worte treffen gut,*
> *Sind sie manchem eine Rut,*
> *So wird niemand doch beschädigt.«*

Und da fragen sich manche, woher das Fiasko der postmodernen »Religionspädagogik« kommt, woher die tödliche Langeweile der postmodernen Predigt.

Schlechte Prediger sind wie schlechte Journalisten. Jeder Satz aus ihrem Munde strotzt vor Belehrung, jedes ihrer Worte wiegt pädagogisch schwer. Gott ist anders. Aus nichts hat er die Welt erschaffen, sich selbst zur Unterhaltung, im leichten Spiel der Phantasie. Und das Spannendste, was je zu hören war in einer deutschen Kirche, war eine göttlich freie Rede über nichts.

LIEBESERKLÄRUNG AN CLARA VON ASSISI

Worin wir lernen, was wahre Liebe ist.

Manchmal frage ich mich, was das Schönste sei in der Liebe. Nach meiner eigenen Erfahrung ist es die Art, wie eine Frau den Mann, den sie liebt, wählt, und wie sie ihn sich holt. *Wie* sie das tut, ohne zu zögern und ohne sich zu kümmern um die Folgen, nicht weil es bei diesem Mann dieses oder jenes oder hundert andere Dinge zu haben gibt, sondern weil sie diesen gut findet, weil dieser und kein anderer ihr *gefällt* – dies zu erleben ist ein großes Glück. Ich will es schildern am Beispiel der Liebe zwischen Clara von Assisi und dem heiligen Franz.

Es war am 18. März 1212, als jäh zu später Nacht durch die Gassen von Assisi der Schrei der Wächter gellte: »Einbrecher sind im Haus des Favarone! Die Totentür ist aufgebrochen!«

Wer das Entsetzen ermessen will, das diese Nachricht auslöste, der muß wissen, daß das Mittelalter erfüllt war von der Angst vor dem Tod. In Assisi herrschte zum Beispiel der Aberglaube, daß eine Haustür, durch die ein Leichnam hinausgetragen wurde, für immer mit dem Fluch des Todes behaftet sei. Jeder Lebendige, der durch eine solche Türe gehe, sei des Todes. Aus diesem Grunde hatten die Häuser außer der eigentlichen Haustür noch eine kleinere, versteckte Tür, durch die, wenn einer starb, der Leichnam hinausgereicht wurde.

Und dann, nach fieberhaftem Suchen, ein zweites, noch größeres Entsetzen. Nein, kein Verbrecher hatte es gewagt, einzubrechen ins Haus des Favarone, eines der mächtigsten und reichsten Adeligen von Assisi. Etwas Unglaubliches war geschehen: Clara, Favarones heiratsfähige Tochter, hatte die Totentüre von innen aufgebrochen und war geflohen aus dem streng bewachten väterlichen Haus.

Es hatte seinen Grund, daß der adelige Favarone sein Haus so streng bewachen ließ. Seit Monaten hatte Clara sich immer wieder in aller Heimlichkeit mit einem Mann getroffen, der der letzte war, den Favarone sich als Umgang für seine Tochter wünschte.

Francesco. Der Sohn des Tuchhändlers Bernardone. Der Sohn eines Bürgerlichen. Nicht allein durch ständische Vorurteile getrennt waren die beiden Familien; sie hatten einander soeben in einem blutigen Bürgerkrieg mit der Waffe bekämpft.

Wenn Franziskus wenigstens sonst etwas getaugt hätte. Aber als Kaufmann zuerst, dann als Soldat hatte er sich nur blamiert. Inzwischen hatte er eine Jugendsekte gegründet. Mit dem eigenen Vater hatte er sich öffentlich überworfen. Etwas unterhalb von Assisi, in der Wildnis von Santa Maria degli Angeli, lebte der 25jährige mit ein paar Freunden in der Gesellschaft von Bettlern und Aussätzigen.

Clara aber galt mit ihren 18 Jahren als eine der schönsten Frauen Umbriens. Und da sie überdies einen adeligen, mächtigen Vater hatte, war sie weit und breit im Lande die beste Partie. Zu Dutzenden machten die jungen Männer aus den besten Familien Assisis und Perugias ihr den Hof.

Wie war es möglich, daß eine junge Frau mit solchen Chancen weglief zu einem Mann, den fast alle in Assisi für einen religiösen Spinner hielten? Wie war es möglich, daß sie um seinetwillen bereit war, nicht nur den Zorn des Vaters herauszufordern, sondern sogar den Fluch des Todes?

Vieles wäre über Franz von Assisi zu sagen; wichtig ist nur eines: Franz litt in unerträglicher Weise, so sagt es sein Gefährte Thomas von Celano, an der »Vergreisung der Welt«. Woher kommt die greisenhafte Stimmung einer abgründigen Gedrücktheit und Gehässigkeit, an der die meisten Menschen von früher Jugend an leiden? Franz von Assisi war der Auffassung, daß das von der Sucht des Habenwollens komme. Von der Sucht nach Geld, der Sucht nach Prestige und der Sucht nach Sex. Wer hundert Dinge festhält und tausend andere haben will, der vergreist. Er verliert die ursprüngliche Freude der Jugend, ganz einfach selber auf der Welt zu sein.

In Gesellschaft von Menschen, die überhaupt nichts haben, von Bettlern und von Aussätzigen, wollten Franz und seine ersten Gefährten zurückfinden zur ursprünglichen, grandiosen Fröhlichkeit des Lebens. »Jongleurs de Dieu« nannten sie sich – »Clowns von der göttlichen Fröhlichkeit«. »Saltat, cantat gallice« heißt es von dem jungen Asketen unten in der Wildnis von Santa Maria degli Angeli: »Er tanzt, er singt französische Schlager.«

Und zur göttlich guten Laune hinzu ein zweites. Franz nannte es »courtoisie«. Das heißt, wörtlich übersetzt, »Höflichkeit«. Aber das altfranzösische Wort »courtoisie« ist viel stärker. Es meint so etwas wie erlesenen, königlichen Respekt.

Jegliches Geschöpf, sagt Franz von Assisi, ist in sich derart herrlich, daß der Mensch ihm nicht herablassende Barmherzigkeit schuldet, sondern etwas ganz anderes:

Courtoisie – erlesenen Respekt. Courtoisie im Umgang mit den Tieren – vor allem mit den Tieren –, Courtoisie sogar vor den unbelebten Dingen, Courtoisie im Umgang mit der gesamten Schöpfung – das war es, was Franz mit ein paar Gefährten praktizierte. Das war es, was eine Frau wie Clara leidenschaftlich anzog. Mochten andere junge Männer ihr bieten, was die vergreiste Welt für wichtig hält, Geld, Prestige und Sex – ihr gefiel allein der »Jongleur de Dieu«.

Es heißt, daß Clara allein aus ihrem Elternhaus geflohen sei, ohne eine einzige Komplizin oder Gefährtin. Unten aber, vor der Wildnis von Santa Maria degli Angeli, warteten ein paar Brüder mit Fackeln auf sie und brachten sie zu Francesco.

Zuerst zog sie ihren Schmuck aus. Dann ihr langes, kostbares Gewand. Und dann stülpte Franziskus ihr jenen kurzen braunen Sack über, der damals noch keineswegs ein Ordenskleid war, sondern einfach die Tracht der Allerärmsten, der Bettler und der Tagelöhner. So standen sie sich im nächtlichen Schein der Fackeln in der Wildnis von Santa Maria degli Angeli gegenüber: Franz von Assisi und Clara, seine erste Schwester – die erste Klarissin.

So unbekümmert um das Urteil einer »vergreisten Welt« hatte Clara von Assisi den Mann gewählt, der ihr gefiel, daß nichts jemals mehr vermocht hat, sie in dieser Wahl unsicher zu machen. Nicht die gewalttätigen Nachstellungen ihrer Familie, die jener nächtlichen Flucht aus dem Elternhause folgten. Später auch, als Franziskus scheiterte, als jene freie Lebensform mitten in der Welt, zu der sie ihm geraten hatte, nicht durchzuhalten war, als die übliche Kumpanei von religiösen Karrieristen und Opportunisten die Macht im Franziskanerorden übernahm, als sie den weiblichen Ordenszweig, die Klarissen, zurückzwangen in den alten Klosterkitsch, da blieb, noch im Scheitern, noch in der Vereinsamung, Clara Franziskus unbeirrt treu.

Im Jahr 1224, zwei Jahre vor seinem Tod, hatte Franz im Alverna-Gebirge jene furchtbare Vision, bei der er fast erblindet und, an den Wundmalen Jesu Christi, fast verblutet wäre. Als er vom Berg herunterkam, wollten Freunde, die um sein Leben bangten, ihn zu einem Arzt nach Rieti bringen. In San Damiano, wo Clara mit ihren ersten Schwestern lebte, machten sie halt.

Aber Franz, der so etwas wie ein Haus oder ein Bett für sich selber stets abgelehnt hatte, wollte nicht drinnen im Haus übernachten. Da baute ihm Clara im Garten eine Laubhütte. Es heißt, daß Franz in jener Nacht vor Schmerzen fast umgekommen sei. Doch als der Tag anbrach über den Hügeln Umbriens, richtete der Jongleur de Dieu die erblindeten Augen empor zur Sonne und begann zu singen. Im Garten der heiligen Clara erklang der »Cantico delle Creature«, der »Sonnengesang des heiligen Franziskus«:

»Laudato si, mi Signore, cum tucte le tue creature«

»Sei gepriesen, Herr, für unsere große Schwester,
die Sonne,
Die uns den Tag herauführt und das Licht.
Sei gepriesen für Bruder Mond
Und für die Sterne am Firmament.«

»Für unsere Schwester sei gepriesen, die Mutter Erde,
Für den brüderlichen Wind und für das schwesterliche
Wasser,
Herr, sei gepriesen für den Bruder Tod

– per sora nostra morte«.

Manchmal frage ich mich, warum die schönsten Liebes-
geschichten der Menschheit im Mönchstum stattgefun-
den haben, im Zölibat. Vielleicht liegt es daran, daß jene
Dinge zwischen Mann und Frau, die eine vergreiste Welt
unablässig zwanghaft ausspricht, zwischen jenen, die
Keuschheit gelobt haben, voller Scham nur angedeutet
werden. Vernehmet aus den »Fioretti«, der frühen
Sammlung von Geschichten um Franz und Clara von
Assisi, die 15. und schönste der Legenden:

Oftmals hatten der heilige Franz und die heilige Clara
einander den Trost des geistlichen Gesprächs geschenkt.
Eines Tages aber bat sie ihn, ihr doch eine Freude zu
machen und zum Abendessen zu bleiben.

Franziskus wollte zuerst nicht. Aber seine Gefährten,
die den Wunsch der seligen Clara unter sich erwogen
hatten, redeten ihm zu: »Franz, es will uns scheinen, daß
deine Sturheit nicht der göttlichen Liebe entspricht.«

Darauf antwortete der heilige Franz: »Da ihr alle die-
ser Ansicht seid, bin ich einverstanden. Und damit sich
Clara erst recht freut, schlage ich vor, daß wir sie zum
Essen einladen, nach Santa Maria degli Angeli. Seit vie-
len Jahren hat sie den Ort nicht mehr gesehen, wo sie
damals zu uns kam, als sie aus ihrem Elternhaus floh.
Laßt sie noch einmal zu uns kommen.«

Sie kam. Und nachdem sie aus Pietät die Wohnräume

der Brüder alle besichtigt hatte, kam die Zeit zu speisen. Nach seiner Gewohnheit ließ Franz den Tisch auf bloßer Erde bereiten. Er selbst nahm neben der seligen Clara Platz, die Brüder um sie herum.

Es geschah aber schon beim ersten Gang, daß Franz und Clara anfingen, von Gott zu reden, auf so himmlische Art, daß alle von göttlicher Gnade überströmt wurden. Keiner dachte mehr an die Mahlzeit. Die Augen und die Hände zum Himmel erhoben, saßen sie da in göttlicher Verzückung.

In diesem Augenblick entstand oben in der Stadt eine gewaltige Aufregung. Ganz Assisi starrte hinunter nach Santa Maria degli Angeli. Ganz Assisi sah, wie die Kapelle mit der Wohnung der Brüder samt dem Wald, der damals noch die Niederlassung umgab, aufloderte in einem gewaltigen Flammenschein.

Da rannten alle hinunter, um beim Löschen zu helfen. Wie staunten sie aber, als sie den Ort unversehrt vorfanden. Und als sie eintraten, fanden sie den seligen Franz mit Sancta Clara am Tisch der Armut, hingerissen in seliger Ekstase.

Da begriffen alle, daß die Glut, die Franz und Clara entflammte, kein vergängliches Begehren war, sondern ein viel größeres und mächtigeres Feuer, unlöschbar und göttlich schön.

Und hoch erbaut und hoch erfreut zogen die Leute von dannen.

BRUDER FRANZ
UND SCHWESTER ARMUT

*Worin wir lernen,
Vorurteile gegen die Heilige Inquisition
abzubauen.*

Gibt es etwas Traurigeres, meine Schwestern und Brüder, als wenn Christen sich streiten um Hab und Gut? Gibt es etwas Beschämenderes als den Hader in der Gemeinde, wenn einer reicher sein will als der andere?

Ja. Schlimmer noch, viel schlimmer wird der Streit, wenn ein Christ *ärmer* sein will als der andere. Wenn keiner mehr dem andern die Armut gönnen mag. Höret die Geschichte vom großen »Armutsstreit«, der ein Jahrhundert lang die Christenheit so erschüttert hat, daß sich zum Schluß die Frömmsten gegenseitig qualvoll ums Leben brachten.

Schuld an allem war der heilige Franziskus. Wohl ist der Poverello hoch zu preisen für seine inbrünstige Liebe zur heiligen »Schwester Armut«. Für etwas anderes aber müssen wir Franziskus tadeln. Als er im Jahre 1209 eine begeisterte Schar gleichgesinnter Brüder um sich sammelte, unterließ er es, in der neuen Gemeinschaft für Ordnung zu sorgen. Statt sich den Kopf zu zerbrechen über so unerquickliche Fragen wie Organisation und Programm, verlor der heilige Franz seine Zeit mit schönen Visionen und Ekstasen.

Wie so ganz anders war da doch der heilige Dominikus. Zu gleicher Zeit wie der heilige Franziskus hat auch er einen Orden gegründet, sogar einen ganz ähnlichen.

Doch war der heilige Dominikus klug genug, zu wissen, daß eine Ordensgründung nur gelingt, wenn der Stifter ganz klar, nüchtern und wirklichkeitsnah zu Werke geht. Zu keiner einzigen Vision hat er sich hinreißen lassen, der heilige Dominikus. Mit christlicher Nüchternheit hat er von morgens bis abends nichts als Arbeit zugewiesen, Ämter verteilt, Regeln aufgestellt. So ausgezeichnet organisiert war der Dominikanerorden beim Tode seines Stifters, daß er, frei von inneren Problemen, alsbald im Dienst der Päpste eine Fülle hoher Ämter übernehmen konnte, ja schließlich sogar das höchste Amt nächst dem Stuhl Petri. Wir nennen es heute die Heilige Glaubenskongregation. Damals nannten wir es noch die Heilige Inquisition.

Während so die Söhne des heiligen Dominikus, dank guter Organisation, eine verantwortungsvolle Aufgabe nach der andern tüchtig übernahmen, boten zu gleicher Zeit die Söhne des heiligen Franz der Welt das beschämende Bild anarchistischer Verwirrung. Das Traurigste an dem Streit in Assisi war, daß er einem Wort Jesu Christi galt. Lukas 9. Kapitel, 3. Vers: In illo tempore sprach Jesus zu seinen Jüngern: »Nichts führet bei euch, weder Stab noch Tasche, weder Brot noch Geld.«

Wie ist das zu verstehen? Als wörtliche Anweisung, wortwörtlich gar? Oder nur symbolisch, im Sinne einer inneren, geistigen Einstellung, so wie der Herr selber es anzudeuten scheint, wenn er nicht »Selig die Armen« sagt, sondern – Matthäus 5. Kapitel, 3. Vers –: »Selig die Armen im Geiste«?

Der eigensinnige Bruder Gregor von Neapel, der hitzköpfige Bruder Matthäus von Narni, besonders der vorlaute Bruder Johann von der Kapelle – jeder unter den ersten Brüdern in Assisi wußte es besser als der andere, jeder hielt sich selber für den einzig wahren Armen. Den heiligen Franz selber fragen konnte man nicht, er war abgesegelt nach Ägypten, um dort den Sultan zu bekehren.

Als der Höllenstreit um die Armut in Assisi nicht einmal mehr am Nil zu überhören war, kehrte Franz überstürzt zurück, sah nun wohl ein, daß er etwas falsch gemacht hatte, und versuchte, dem heiligen Dominikus nacheifernd, seine Gemeinschaft endlich ernsthaft zu organisieren. Zu spät. Der Wurm war drin im Franziskanerorden, die beiden Regeln von 1219 und 1223 stifteten nur neue Verwirrung, und als der heilige Franziskus im Jahr 1226 starb, zerbrach seine Bruderschaft in zwei einander gnadenlos bekämpfende Fraktionen.

Auf der einen Seite die Realos, die nur arm sein wollten im Geiste, nicht in der Materie. Das war die »Fortschrittspartei« um Bruder Elias. Auf der anderen Seite die Fundis um Bruder Cäsarius von Speyer mit der beachtenswerten These, entweder sei ein Mönch arm in der Materie, oder er sei reich. Nicht zu vergessen der heilige Antonius von Padua, der zwischen den beiden streitenden Lagern zu vermitteln suchte und deshalb von beiden die schlimmsten Prügel bekam. Die einzigen, die gar nichts taten, sondern einfach kopfschüttelnd zusahen, waren die Dominikaner oder, wie sie nun immer häufiger genannt wurden, die Ehrwürdigen Väter von der Heiligen Inquisition.

Zuerst schienen die Realos um Bruder Elias zu siegen. Kein Wunder, hatten sie doch für sich die fürchtenswerte Macht des Geldes. Aus dem prallen Säckel von Bruder

Elias ist zum Beispiel die wunderschöne Basilika von Assisi bezahlt worden. Dann aber, unter Bruder Johann von Parma, triumphierten die Fundis. Kein Wunder, hatten sie doch für sich die einzige Waffe, die noch fürchtenswerter ist als das Geld, nämlich die moralische Empörung. Und je länger der Streit ins Land ging, von Jahrzehnt zu Jahrzehnt, desto mehr vergaßen beide Fraktionen, worum es eigentlich ging.

Ursprünglich hatte man sich noch um relativ sachliche Fragen gestritten, zum Beispiel ob Arbeiten der wahre Ausdruck der Armut sei oder Betteln, ob der Franziskanerorden Weinberge besitzen, ob er Vermächtnisse annehmen dürfe. Als aber das 14. Jahrhundert begann, wandte sich der Streit einem ungleich modischeren Thema zu: Spieglein, Spieglein an der Wand, wer ist der Ärmste im ganzen Land?

Woran kann man *sehen,* welcher unter den Brüdern der ärmste ist? Der heilige Franz hatte für seinen neuen Orden gar keine Mönchskutte gewollt. Ihm genügte das Alltagskleid der armen Leute in der Toskana, ein brauner Rock. Seinen Jüngern aber gelang es, diese Nicht-Kutte wiederum zur Kutte zu stilisieren, indem sie sie, nach Art der Benediktiner, bis zu den Knöcheln hinab verlängerten und mit einer spitzen, ehrfurchtgebietenden Kapuze versahen.

Jetzt plötzlich stellten die Fundis diese mühselig errungene Kleiderordnung im Franziskanerorden wieder in Frage. Die Armut eines Mönchs, behaupteten sie, sei daran zu erkennen, daß er seinen Rock kürzer trage als andere Mönche.

Midi statt Maxi. Diese neue religiöse Mode war gefährlich. Genügte es nämlich, seine Kutte beliebig zu kürzen, um andere Mönche an Armut zu übertrumpfen, so war nicht einzusehen, warum der Trend an den Waden, ja an den Knien haltmachen sollte. Eine kleine, radikale Minderheit von Franziskanern, Fratizellen genannt, erkühnte sich zum Mini. Auf kirchenlateinisch gesagt: Die Mönchskutte wurde modisch gekürzt »usque ad nates – bis zu den Arschbacken«.

Bisher hatten die Dominikaner nur kopfschüttelnd zugesehen. Jetzt mußten sie, so leid es ihnen tat, eingreifen. Als erste Warnung für alle andern Wirrköpfe im Orden des heiligen Franz verbrannten die Dominikaner 114 Mini-Franziskanerchen auf den Scheiterhaufen der Heiligen Inquisition.

Laut regt sich jetzt im Franziskanerorden die schweigende Mehrheit. War es nicht eine unerträgliche Schande, daß die Dominikaner bei den Franziskanern Ordnung machen mußten? »Ordnung machen, das können wir selber!« 1316, auf dem Generalkapitel in Neapel, wählte die schweigende Mehrheit der Franziskaner einen starken Mann als Ordensgeneral: Michael von Cesena.

Bruder Michael machte Ordnung nach dem ältesten Rezept der Welt: Nach innen handelte er reaktionär, nach außen redete er progressiv. Während er also mit eiserner Faust im ganzen Franziskanerorden die Maxi-Mode wiederherstellte, ja eigenhändig in Marseille die letzten vier Mini-Franziskaner den Dominikanern auf den Scheiterhaufen lieferte, spielte Michael von Cesena nach außen den begeisterten Fundi.

Anlaß dazu bot ihm der »theoretische Armutsstreit«, der in der Provence zwischen Franziskanern und Dominikanern ausgebrochen war. Ein radikaler Franziskaner, Berengarius von Perpignan, hatte dort die Gläubigen aufgewiegelt mit der irren Behauptung, Jesus und die Apostel hätten »kein Portemonnaie gehabt« (»non habuisse loculos«). Der Inquisitor von Narbonne, der Dominikaner Johannes von Belna, stellte ganz nüchtern und sachlich richtig, daß der Heiland sehr wohl ein Portemonnaie gehabt habe. Statt sich zu fügen, machte der Franziskaner daraus einen Grundsatzstreit: Daß Jesus Christus und die Apostel weder Geld noch Gut besaßen, sei »dogma sanum et catholicum – gesundes katholisches Dogma«.

Dieser vermessene kleine Provinz-Franziskaner war noch gar nicht verbrannt, da ließ sich der Ordensgeneral hinreißen zu einem Schritt von selbstmörderischer Verblendung. 1322, auf dem Generalkapitel der Franziskaner in Perugia, ließ er das neue dogma sanum et catholicum einstimmig und feierlich vom ganzen Orden beschließen.

Jetzt war der Papst herausgefordert. Selbst in der Schwäche seines Exils zu Avignon konnte Johannes XXII. nicht zulassen, daß der Franziskanerorden an seiner Stelle Dogmen proklamierte.

Zuerst bestellt sich der Papst bei einem der berühmtesten Theologen des Dominikanerordens, bei Magister Herveus, ein theologisches Gutachten, in dem zweifelsfrei bewiesen wurde, daß Jesus Christus nicht nur ein Portemonnaie besaß, sondern sogar in Immobiliengeschäften tätig war.

Heißt es nicht zum Beispiel bei Markus im 2. Kapitel, 1. Vers, daß Jesus, obwohl er selber in Nazareth wohnte, in Kapharnaum »in seinem Haus« aufgetaucht sei? Hausbesitzer Jesus. Plötzlich verstehen wir, warum der Heiland soviel unterwegs war. Wie jeder verantwortungsvolle Immobilienbesitzer mußte Jesus Christus überall selbst nach dem Rechten sehen.

Gestützt auf diese gesicherte Erkenntnis, fällte Johannes XXII. am 12. November 1323 in dem Sendschreiben »Cum inter nonnullos« die unfehlbare Entscheidung: »Anathema sit – Wer hartnäckig behauptet, Jesus Christus und die Apostel hätten weder Geld noch Gut besessen, der sei im Banne, und er sei verflucht.«

Zu dieser unfehlbaren Entscheidung ist der persönliche Auftritt Michaels von Cesena vor Papst Johannes XXII. nur ein beschämendes Nachspiel. Fünf Jahre lang hatte der verstockte Franziskanergeneral sich geweigert, seinen Irrtum einzusehen. Auch am 9. April 1328, zu Füßen des päpstlichen Throns, zeigte er keine Reue. Im Gegenteil, er schrie dem Heiligen Vater ins Gesicht, von einem Papst, der 25 Millionen Golddukaten in die eigene Tasche gewirtschaftet habe, sei in Sachen Armut keine gerechte Entscheidung zu erwarten. Laut päpstlichem Protokoll verlor in diesem Augenblick leider auch der Heilige Vater selbst die Nerven: »Heu te temerarium, insanum, haereticum!« schrie er den Franziskaner an. »Du unverschämter Spinner und Ketzer«, »eheu te serpentem in sinu Ecclesiae nutritum – du Schlange am Busen der Kirche!«

Liebe Christinnen und Christen! Brauche ich lange zu erzählen, wie dieser unselige Franziskaner auf der abschüssigen Bahn der Ketzerei in immer tiefere Schande fiel? Wie er feige aus Avignon floh, noch bevor die Ehrwürdigen Väter Dominikaner ihn an seinem Maxirock packen und ihn verbrennen konnten? Wie er nach Rom floh und dort einen gütigen, alten, weltfremden Ordensbruder, Petrus von Corbario, frevelhaft dazu überredete,

46

sich zum Gegenpapst ausrufen zu lassen? Wie er später vor dem gerechten Zorn des wahren Papstes zum Kaiser floh? Wie er, der verblendete Armutsapostel, sich ganz zum Schluß in München noch, ob ihr's glaubt oder nicht, verstrickt hat in schmierige, schmutzige Geldgeschäfte?

Nein, wir wollen den ketzerischen Franziskaner nicht verurteilen. Aber wir wollen ihn vergessen. Allezeit ins Gedächtnis geschrieben sei uns dagegen das dogma sanum et catholicum, das die Ehrwürdigen Väter Dominikaner von der Heiligen Inquisition für uns erdacht haben und das Papst Johannes XXII. aus Avignon unfehlbar verkündet hat: Besitz und Eigentum sind etwas Köstliches, und Geld im Portemonnaie zu haben ist ein Segen Gottes.

DIE BORGIA-LEGENDE, DER STAUNENDEN CHRISTENHEIT NEU AUF DIE NASE GEBUNDEN

Worin wir lernen,
Kastanienbäume nicht mit Stuhlbeinen zu verwechseln.

Nimm einmal an, du hättest im Jahr 1501 Gelegenheit gehabt, irgendwann am späten Nachmittag unbemerkt einzudringen in den Vatikan, jenen damals noch ganz altertümlichen, gotischen Palast. Du hättest dich sehr gewundert. Auf dem Thron der Päpste, im innersten Prunkgemach, sitzt der Mann mit dem schlechtesten Leumund in der Geschichte der Katholischen Kirche: Rodrigo Borgia, seit 1492 Papst Alexander VI. Zu Füßen des Heiligen Vaters, lässig auf ein Kissen gestützt, sitzt auf der obersten Stufe zum päpstlichen Thron eine junge Frau mit noch schlechterem Leumund: Lucrezia Borgia, des Papstes blondgelockte Tochter und, obwohl erst 21 Jahre alt, bereits damit beschäftigt, zum vierten Mal zu heiraten.

Doch seltsam, so lasterhaft, wie ihr Ruf das gerne möchte, sehen die beiden nicht aus. Der Papst, in diesem Jahr siebzig geworden, ist etwas füllig, auch im Gesicht. Trotzdem hat sich bei ihm, anders als bei den meisten Männern, die Kraft der Jugend nicht in Schwerfälligkeit gewandelt. Seine Gebärden sind lebhaft, und aus seinem rasch wechselnden Mienenspiel sprechen eine rasche Auffassungsgabe und ein weiter Fächer von Empfindungen. Nur die unappetitlich dicken Finger des Papstes hätten dem erfahrenen Beobachter den Eindruck vermittelt, daß dies wohl ein Mann sei, dem man nicht unbedacht die Hand reichen sollte.

Überraschender noch ist das Erscheinungsbild der jungen Frau. Schon durch die Art, wie sie sich kleidet, gibt Lucrezia Borgia zu erkennen, daß sie nicht nur eine der gescheitesten und gebildetsten, sondern auch eine der eigenwilligsten Frauen Roms ist. Die Tochter des Papstes ist nämlich für ihre Zeit völlig unmodern gekleidet. Sie mag die neue römische Mode nicht, bei der die Frauen ihre Reize fast unverhüllt zeigen. Vergleichbar etwa jenen jungen Frauen, die in den kurzberockten sechziger Jahren plötzlich die Welt im Maxirock schockierten, trägt Lucrezia Borgia ein provozierend altertümliches, noch fast gotisches, hochgeschlossenes Gewand. Als wolle sie der Welt bedeuten, daß sie den Männern zwar leidenschaftlich zugetan, ihnen jedoch keineswegs verfallen ist.

So groß ist die heimliche Übereinstimmung im Charakter zwischen Rodrigo Borgia und seiner Tochter, so groß ihre wechselseitige Sympathie, daß der Papst dieser Tochter weit mehr Vertrauen schenkt als seinem Sohn Cesare, mehr auch als seinen sieben anderen Kindern. Fast jeden Tag um diese Stunde ruft er Lucrezia zu sich, um mit ihr alle Angelegenheiten der Familie und der Kirche zwanglos durchzusprechen.

Heute freilich nimmt noch eine dritte Person an dem päpstlichen Familienrat teil. Auf der untersten Stufe zum päpstlichen Thron steht, leicht gekrümmt, ein dürrer Greis. Das ist Prälat Burkhard, der Zeremonienmeister des Vatikans. Johannes Burkhard, ein Deutscher aus

Straßburg, spielt am Hof der Borgias eine Rolle, die nicht so ungewöhnlich ist, wie sie auf den ersten Blick scheint.

Heute wie damals findet man in besonders korrupten Kreisen, mittendrin, stets einen besonders anständigen Menschen. Dieser anständige Mensch geht in der allgemeinen Unanständigkeit nicht unter. Im Gegenteil, er macht mit seinem Anstand Karriere. Unter Umständen bringt er es zu den höchsten Ämtern. Gerade in den verdorbensten Menschen lebt nämlich das Bedürfnis nach wenigstens einem einzigen Mitmenschen, der dafür garantiert, daß die Welt im Grunde doch nicht so schlecht sei.

Diese Rolle spielt Johannes Burkhard am Hof der Borgias. Schon unter Innozenz VIII. war er Zeremonienmeister. Er ist der einzige Prälat im Vatikan, der sämtliche Intrigen, von Jahr zu Jahr, unbeschadet übersteht. Dank Anstand und Ehrlichkeit. Es ist, als hätten die verfeindeten Cliquen im Vatikan, die sich laufend gegenseitig erdolchen und vergiften, als hätten sie unter sich die heimliche Übereinkunft getroffen, auf jeden Fall den Johannes Burkhard, diese reine Seele, stets am Leben zu lassen, als persönliche Garantie für eine heile Welt.

Mit Pfründen in Rom und in Straßburg hat auch Rodrigo Borgia den Deutschen reich beschenkt. Dabei weiß er genau, daß Johannes Burkhard ihm feind ist. Dieser zutiefst anständige Greis ist auf seine alten Tage, aus lauter Empörung über die Verhältnisse im Vatikan, dem politischen Radikalismus verfallen. In dem römischen Palast, den ihm der Papst geschenkt hat, in der Argentina, beherbergt er dutzendweise radikale junge Männer aus Straßburg und aus Schlettstadt. Es sind Humanisten, die der phantastischen Idee nachträumen, die Einheit, die Ehre und die Macht des deutschen Reiches wiederherzustellen und, zu diesem Zweck, das Papsttum als den Inbegriff aller welschen Lasterhaftigkeit und Tücke vom Erdboden zu vertilgen.

Papst Alexander VI. weiß das. Er weiß um ihre Pamphlete. Doch sie sind ihm egal. So viele Komplotte werden gegen ihn in Rom geschmiedet, daß er in seiner großzügigen und optimistischen Natur beschlossen hat, nur noch die wichtigsten, die lebensgefährlichen Verschwörungen im Auge zu behalten und die anderen einfach laufen zu lassen. Dem Kreis der Deutschen um Johannes Burkhard aber traut er nicht mehr zu als moralische und literarische, also ungefährliche Empörung.

Moralische Empörung malt sich auch heute auf dem Gesicht des deutschen Prälaten: »Nicht länger«, protestiert der Zeremonienmeister, »kann ich meines Amtes walten, wenn weiterhin Dinge passieren wie heute morgen beim feierlichen Hochamt zur Verabschiedung des Gesandten der Republik Venedig.« – »Was ist denn passiert?« fragt Rodrigo Borgia neugierig. – »Eure Heiligkeit weiß wohl, daß das pontifikale Zeremonienbuch die Anwesenheit von Frauen bei feierlichen Hochämtern gar nicht vorsieht. Wenn aber Eure Tochter, Donna Lucrezia, schon Wert darauf legt, sich während der Messe ausgerechnet ins Chorherrengestühl zu setzen, dann darf ich verlangen, daß sie nicht so lauthals mit ihrer Schwägerin, Donna Sancia von Aragon, lacht und schwatzt, daß mir das ganze Hochamt durcheinandergerät. Bei der Gelegenheit gestatte ich mir, darauf hinzuweisen, daß jede Frau ex sese exkommuniziert ist, wenn sie es wagt, ihren Fuß auch nur auf die unterste Stufe des päpstlichen Throns zu setzen. Eure Tochter aber steht, mit Verlaub gesagt, gerade jetzt nicht nur auf der untersten Stufe, sondern auf der obersten.«

Streng mustert der Papst die Gescholtene: »Lucrezia, mein Töchterchen, Don Burkhard hat recht. Ich muß dir eine Rüge erteilen. Aber erzähle mir lieber, was es Neues gibt in der Welt der Künste und der Schönen Literatur.«

»Du wirst lachen, Papa. Es ist ein neues Pamphlet aus Deutschland angekommen. Anonym, aber dafür in klassischem Latein. Es trägt den Titel »Lucrezia die Höllenbraut«. Dazu als Untertitel: »Das ist die unvorstellbar schreckliche, aber wahre Geschichte von der neuesten Orgie der Lucrezia Borgia. Der allgemeinen Christenheit zur Warnung. Straßburg im Jahr des Heils 1500.«

»Ah«, sagt Papst Alexander, »aha. Don Burkhard, das kommt aus Eurem engeren Freundeskreis. Lies vor, Lucrezia!«

Und Lucrezia liest vor: »Am schlimmsten trieb es Lucrezia am Vorabend des Festes Allerheiligen, an dem die Hexen seit alters ihr Unwesen treiben. In dieser Nacht führte sie fünfzig Dirnen in die Schlafgemächer des Papstes. Dort nahmen sie alle teil an einem wüsten Gelage, zu dessen Schluß der Papst selbst ein Paar silberne Schuhe stiftete für jenen unter den anwesenden Herren, der es vermöchte, sich vor den Blicken aller am häufigsten mit einer der fünfzig Dirnen zu paaren. Lucrezia war die Schiedsrichterin dieses Wettbewerbs der Hölle, und Cesare, des Papstes Sohn, errang den schamlosen Siegespreis. Noch aber war der Gipfel der Schande nicht erreicht. Mit einem Mal nämlich schüttete Lucrezia Borgia einen Korb voll Kastanien unter die Tische und Stühle des Festgelages und befahl den fünfzig gefallenen Mädchen, nackt zwischen den Stuhlbeinen herumzukriechen und die Kastanien einzusammeln. Und nachdem sich alle an diesem Schauspiel der Unzucht ergötzt hatten, zog sich Papst Alexander mit allen fünfzig Dirnen in die Pfühle der Wollust zurück.«

»Diese fünfzig nackten Weiber, die da zwischen den Stuhlbeinen herumkriechen«, wirft Papst Alexander ein, »wie findest du das, Lucrezia? Ich finde das albern. Der helle Unsinn ist das.«

»Papa«, wundert sich Lucrezia, »manchmal merkt man, daß du, bei aller Neigung zur Kunst, doch nicht die gleiche klassische Bildung hast wie Don Burkhard. Der Autor dieser Orgie hat wahrscheinlich zu viel Homer gelesen. Bei Homer ist nämlich die Rede von einer Hexe namens Zirze, die fünfzig Männer erst zu willfährigen Werkzeugen ihrer Lüste macht, um sie nachher in Schweine zu verhexen, die kastanienfressend durch die Wälder ziehen. Mangels Kastanienbäumen im Vatikan begnügen wir uns hier in dieser Orgie mit Stuhlbeinen.«

»Dabei«, seufzt Rodrigo Borgia, »dachte ich, es seien längst sämtliche Orgien der klassischen Antike auf mich und meine Familie umgeschrieben worden. Diese hier kannte ich noch nicht. Aber etwas anderes ärgert mich. Warum, Lucrezia, wirst du eigentlich in allen diesen Pamphleten als Hexenmeisterin bezeichnet?«

»Das, Heiliger Vater«, wirft Johannes Burkhard mit einem dünnen Lächeln ein, »das ist eine Frage, die Ihr am besten den Vätern von der Heiligen Inquisition persönlich stellt.«

Der Papst und seine Tochter schwiegen. Nirgendwo ist das Wort »Inquisition« so sehr geeignet, Beklemmung hervorzurufen, wie im Vatikan. Lucrezia hat es immer für unklug gehalten, daß ihr Vater sich öffentlich lustig macht über den Hexenwahn der Inquisitoren in Straßburg und in Köln. Unklug scheint es ihr, daß ihr Vater der Inquisition im Kirchenstaat sogar das Recht verweigert, Bücher zu verbrennen. Ist dieses Pamphlet ein Versuch der Heiligen Inquisition, den allzu liberalen Papst mit dem Gedanken zu erpressen, daß man ja notfalls, wenn nicht ihn selbst, dann doch zumindest seine Tochter als Hexe verbrennen könnte? Lucrezia sieht ihren Vater fragend an.

Doch dieser hat sein ganzes Augenmerk dem Zeremonienmeister zugewendet: »Johannes Burkhard, Ihr solltet der Heiligen Inquisition nicht Dinge in die Schuhe schieben, für die sie nicht verantwortlich ist. Ich brauche doch gar nicht den Bericht meiner Späher in der Argentina, um zu erraten, daß niemand anders der Verfasser dieser Schmähschrift ist als Ihr. Homer hin, Homer her, fünfzig nackte Weiber, die zwischen Stuhlbeinen herumkriechen, so stellt nur eine reine Seele sich eine Orgie vor. Und die einzige reine Seele um mich herum seid Ihr, Johannes Burkhard.«

Und als der Deutsche, um Gnade flehend, sich vor dem Thron des Papstes niederwirft, fährt Rodrigo Borgia verächtlich fort: »Solange ich Papst bin, gibt es in Rom keine Zensur. Jeder kann lesen und schreiben, was ihm beliebt. Selbst wenn es ihm beliebt, die übelsten Legenden über mich und Donna Lucrezia zu verbreiten, ich rühre keinen Finger zur Zensur. In Spanien ist das anders. Aber bin ich nicht der Papst, der die von der Inquisition verfolgten Juden aus Spanien im Kirchenstaat gastfreundlich aufgenommen hat? Auch das gemeine Volk in Rom weiß wohl, warum es so an mir hängt: Unter mir, dem Spanier, geht es ihm weit besser als unter den römi schen Baronen, die vor mir das Amt des Papstes innehatten. Und was die Sünden des Fleisches betrifft, ich habe stets . . .« Der Papst unterbricht sich, er zögert: »Mit einer Ausnahme vielleicht habe ich stets die Gesetze der Diskretion gewahrt. Und so gehen meine Sünden, Don Burkhard, Euch und Euresgleichen in alle Ewigkeit nichts an.«

Dann, den Zeremonienmeister nicht eines Blickes mehr würdigend, wendet sich der Papst zärtlich seiner Tochter zu: »Lucrezia, mein Kind, ich speise heute abend bei Donna Giulia. Hast du Lust, mich zu begleiten?« Und als Lucrezia freudig nickt, ruft Alexander VI. einen Pagen: »Ich reite heute abend mit meiner Tochter aus. Junge, sattle die Pferde!«

WIE PAPST PIUS IX. IN ROM DIE STRASSENBELEUCHTUNG EINFÜHRTE

Worin wir lernen,
daß Päpste weder krank noch böse sind.

Stell dir, geneigte Leserin, geneigter Leser, stell dir etwas Unerhörtes vor. Stell dir vor, es würde heute in Rom ein neuer Papst gewählt. Und es fiele die Wahl auf einen Kardinal, der mit seiner ganzen Person den Fortschritt verkörpert. Stell dir das vor. Und sei nicht kleinmütig und sage nicht, dies sei unvorstellbar. Es ist vorstellbar, weil es dies, genau dies, einmal schon gegeben hat.

Als Kardinal Sforza 1846 auf den Balkon des päpstlichen Palastes trat mit der uralten Proklamation »Ich verkünde euch eine große Freude: Habemus papam«, da war die »große Freude« keine rituelle Formel; grenzenlos war der Jubel, der ganz Rom erfaßte bei der Nachricht, zum Papst gewählt sei der 54jährige Kardinal Giovanni Maria Graf Mastai-Ferretti.

Noch konnte niemand die Szene photographieren. Aber es gibt Zeichnungen. Sie zeigen ein Delirium: die Straßen Roms schwarz von Bürgern, die ihre Hüte vor Begeisterung in die Luft werfen, Frauen, Kinder, die vor lauter Jubel fast von den Balkonen herunterpurzeln. Rom konnte es vor Freude nicht fassen: Zum ersten Mal seit unvordenklichen Zeiten saß auf dem Stuhl Petri ein Mann des Fortschritts und der Freiheit.

Ein Mastai-Ferretti. Um einen neuen Papst einzuschätzen, war damals nämlich in Rom die Familienzugehörigkeit entscheidend. Die Familie Mastai-Ferretti aber galt als »aufklärerisch«. Wir würden heute sagen: Der neue Papst kam aus einer linken Familie.

Schon bisher, als Bischof von Imola, hatte er aus dieser fortschrittlichen Gesinnung kein Hehl gemacht. Offen verkehrte er mit liberalen Politikern und Intellektuellen. Unbedenklich las er Lamennais, Montalembert und Lacordaire, jene französischen Theologen, die den alten katholischen Glauben versöhnen wollten mit den Idealen der Aufklärung und der Französischen Revolution.

Ein solcher Mann auf dem Stuhl Petri? Im Jahre 1846? Im finsteren Europa der Heiligen Allianz? Der neue Papst, schrieb die englische Presse, sei »der aufgeklärteste Herrscher des Jahrhunderts«. In New York, wo sich die aus Europa verjagten Demokraten sammelten, fand eine Freudenkundgebung statt, auf der einstimmig die folgende Huldigung an den Papst beschlossen wurde: »Wir übermitteln Eurer Heiligkeit das Zeugnis unserer grenzenlosen Sympathie; einer Sympathie, die wir keineswegs als Katholiken bezeugen, sondern als Söhne der Republik und als Freunde der Freiheit.«

Als erstes holte der neue Papst mit einer Amnestie mehr als tausend liberale Bürger und Politiker aus den päpstlichen Gefängnissen. Er schränkte die Pressezensur ein und ließ die Mauer um das Ghetto der römischen Juden einreißen. Ja, er ordnete an, in Rom die Straßenbeleuchtung einzuführen. Noch sein Amtsvorgänger, Papst Gregor XVI., hatte Straßenlaternen als Inbegriff des Neuen und somit Bösen verdammt.

Vor allen Dingen praktizierte der neue Papst eine neue Art, mit den Leuten umzugehen. Was sich kein Mensch vorstellen konnte, geschah: Der Papst ging zu

Fuß durch Rom. Er führte wöchentliche Audienzen ein, und zwar für jedermann. Was heißt für jedermann? Niemand wollte es glauben, aber es war wahr: Selbst Frauen wurden zu den Audienzen zugelassen! Frauen beim Papst! Er habe nichts gegen Frauen, sagte der neue Papst, Frauen seien ihm »simpatiche«.

Nach ein paar Monaten dieses Regiments in Rom war es soweit, daß in Wien Metternich entsetzt fragte, ob der Heilige Vater »schwach von Begriff« sei, während im österreichisch regierten Norden Italiens revolutionäre Kundgebungen stattfanden, bei denen das Volk, statt roter Fahnen, die Büste des Papstes durch die Straßen trug und unablässig, begeistert seinen Namen skandierte: Pio Nono – Pius IX.

Geneigte Leserin, geneigter Leser: Nur der Umstand, daß selbst gutwillige Zeitgenossen in Kirchengeschichte ein bißchen schwach geworden sind, läßt mich hoffen, daß du das Buch nicht längst zugeschlagen hast. Was, der? Was, Pius IX.? Was, ausgerechnet der?

Ausgerechnet Pius IX., der Papst, der 1870 den Bruch zwischen der modernen Welt und der Katholischen Kirche herbeiführte, indem er sich selbst als unfehlbar erklärte, und zwar nicht etwa unfehlbar als Organ der Gesamtkirche, sondern unfehlbar »ex sese«, das heißt unfehlbar »aus sich selber«! Und der dieses Dogma auf dem 1. Vatikanischen Konzil selbstherrlich verkünden ließ, obwohl ihm fast alle deutschen und französischen Bischöfe dringend davon abgeraten hatten.

Ausgerechnet Pius IX., der Papst, der 1864 den »Syllabus« in die Welt setzte, eine radikale Kriegserklärung an Fortschritt und Demokratie! In 80 Sätzen, Punkt für Punkt, hat er in diesem Dokument sämtliche Prinzipien des modernen Lebens und Denkens als ketzerisch verdammt. Verdammt wird zum Beispiel im Syllabus jeder, der es wagen sollte, folgenden Satz zu bejahen: »Der Papst kann und muß sich mit dem Fortschritt, dem Liberalismus und der modernen Kultur versöhnen und verständigen.«

Ausgerechnet Pius IX., der Papst, der schon 1854 die aufgeklärte Welt absichtlich vor den Kopf stoßen wollte, indem er das Dogma von der Unbefleckten Empfängnis Mariä verkündete! Die Welt war nur deshalb nicht vor den Kopf gestoßen, weil sie das Dogma nicht verstand. Noch heute glauben selbst die meisten Katholiken, die Unbefleckte Empfängnis bedeute, daß Maria ihren Sohn Jesus ohne Sünde empfangen habe. In Wirklichkeit besagt dieses eigenartigste aller Dogmen aber, daß keine Sünde war zwischen dem heiligen Joachim und der heiligen Anna, als sie ihre Tochter Maria zeugten.

Ausgerechnet Pius IX., unter dessen Herrschaft in der Katholischen Kirche ein so weltfremder Frömmigkeitsbetrieb aufblühte, daß Wilhelm Busch daraus die Inspiration zu seinen schönsten Satiren schöpfte, zum »Heiligen Antonius« und zur »Frommen Helene«!

Ausgerechnet Pius IX., der 366 Demokraten erschießen und aufhängen ließ, die letzten beiden noch 1870, zwei Tage bevor er, durch den Einmarsch der italienischen Truppen, den Kirchenstaat verlor! Er, der im Volk zum Schluß so verhaßt war, daß man nicht wußte, wie man ihn bestatten solle, als er am 7. Februar 1878 starb. Und dessen Sarg das römische Volk, als er schließlich des Nachts heimlich überführt wurde, über und über mit Kot bewarf.

Ausgerechnet dieser reaktionärste aller Päpste soll

32 Jahre zuvor, als er sein Amt antrat, ein Bannerträger von Freiheit und Fortschritt gewesen sein?

Wenn bei uns in der Katholischen Kirche einer etwas tut, was nicht ganz leicht erklärbar ist, dann machen sofort zwei rituelle Erklärungen die fromme Runde, stets die gleichen. Erklärung I: Der Mann ist krank. Erklärung II: Der Mann ist böse.

Erklärung I: Papst Pius IX. war krank. Tatsächlich litt er im Alter von 15 bis 33 Jahren an der »heiligen Krankheit«, an epileptischen Anfällen. Die ganze rechte Seite seines Körpers wirkte auch später etwas gelähmt. Im Temperament blieb er tagsüber launenhaft und unberechenbar; nachts brauchte er nur aus dem Fenster zu gucken, um Kometen und Marienerscheinungen zu erblicken. Als ihn dann 1848 die Revolution von links überrollte, als sein Ministerpräsident Pellegrino Rossi ermordet wurde und er selber, um sein Leben, aus dem Kirchenstaat fliehen mußte, habe diese Episode sein labiles epileptisches Gemüt so dauerhaft verstört, daß er fortan das Gegenteil seiner selbst war. Soweit Hypothese I. Sie ist in Wirklichkeit gar keine Hypothese, sondern eine Projektion uralter Vorurteile gegen Epileptiker. Zumindest übersieht sie, daß einige der intelligentesten, schöpferischsten Gestalten der Religionsgeschichte vermutlich ebenfalls Epileptiker waren, Paulus zum Beispiel oder Augustinus.

Hypothese II: Papst Pius IX. war böse. Für diese Erklärung sorgte vor allem sein Verhalten auf dem 1. Vatikanischen Konzil. Vom ersten bis zum letzten Tag manipulierte er das Konzil so gewissenlos, daß Kardinal Gustav von Hohenlohe urteilte, im ganzen Leben habe er keinen Menschen kennengelernt, der ein so gebrochenes Verhältnis zur Wahrheit habe wie der Papst. Wer ihm zu widersprechen wagte, den beschimpfte er unflätig. Den armen alten Patriarchen Audu sperrte er sogar eigenhändig im Vatikan ein, dem glatzköpfigen Kardinal De Falloux riß er die Perücke vom Kopf. Und als ein italienischer Fabrikant es wagte, »fiammiferi infallibili« auf den Markt zu werfen, »unfehlbare Streichhölzer«, ließ Pius IX. sofort die römische Polizei ausschwärmen, um die lästerlichen Streichhölzer zu beschlagnahmen. Niemand und nichts auf der Welt durfte unfehlbar sein, nur er allein.

Das alles ist gewiß kein Ausdruck von Güte. Aber ob es ein Indiz für das sei, was die Theologie »mysterium iniquitatis« nennt, für das »Geheimnis der Bosheit«, darf man bezweifeln. Auch außerhalb des Klerus ist die Zahl alter Männer, die sich so aufführen, ziemlich groß. Wie also, wenn es weder an Bosheit noch an Krankheit gelegen hat, sondern an ganz anderen, an zwingenden sachlichen Gründen, daß ein Papst wie Pius IX. so fortschrittlich begann und so reaktionär endete?

Der amerikanische Religionssoziologe Peter Berger hat darauf hingewiesen, daß sich alle großen Religionen seit der Aufklärung, seit der Französischen Revolution, in einer doppelten Zwangslage befinden: Wenn sie sich an die moderne Welt anpassen, verlieren sie ihre Identität. Sie werden mit ihrem aggiornamento von der Welt auch gar nicht ernst genommen. Wenn sie jedoch das Gegenteil tun, wenn sie sich stur stellen, werden sie erst recht komisch und verlieren jeden Einfluß. Ob sie sich nun also anpaßt oder ob sie sich hinter einer Chinesischen Mauer zurückzieht, die Kirche verliert in der modernen Gesellschaft so oder so. Berger sieht darin die

Zwangslage einer »cognitive minority«, einer »weltanschaulichen Minderheit« also, die die Macht und den prägenden Einfluß auf das Leben an andere, mächtigere Weltanschauungen verloren hat, und die nun mit den hilflosen Bewegungen eines Spastikers weiterzukommen sucht, mal indem sie sich anpaßt, mal indem sie sich stur stellt. Und die mit beiden Strategien doch ihren Niedergang nur selber beschleunigt.

Das ist die Zwangslage, mit der auch die Muslime und die Hindus offenkundig nicht fertigwerden. Zur Zeit von Aga Khan und Gandhi haben sie versucht, sich dem sogenannten Westen anzupassen, jetzt schließen sie sich ab. Und mit beiden Strategien scheitern sie.

Einzig die protestantische Theologie versucht seit zwei Jahrhunderten, sich in die neue Rolle der Religion als einer »kognitiven Minderheit« konsequent und ehrlich hineinzubegeben. Sie tut es mit beispielloser Tapferkeit und Intelligenz. Und doch scheint sie zu scheitern.

Wir Katholiken haben mit den Muslimen mehr gemein als mit den Protestanten. Doch obwohl die Päpste der Übermacht der modernen areligiösen Welt schon viel länger ausgesetzt sind als die Ajatollahs, werden sie genauso wenig damit fertig. In unseren Tagen hat es Papst Paul VI. zuerst mit Anpassung und Öffnung versucht, dann bekam er es so mit der Angst zu tun, daß er die Enzyklika »Humanae Vitae« verfaßte. Johannes Paul II. war zwar nie ein Liberaler, aber er hat doch begonnen als volksnaher, weltoffener Konservativer; er endet als Opus-Dei-Papst.

Keiner dieser Päpste war krank oder böse, sowenig wie die heutigen Führer der Muslime und der Hindus krank oder böse sind. Sie werden nur nicht fertig mit einem Dilemma, das, so vermute ich, der Sache nach unlösbar ist: In der modernen, rationalistisch und hedonistisch geprägten Gesellschaft ist für die Religion, ob sie sich nun öffnet oder abschließt, letzten Endes kein Platz. Pius IX. ist der erste Papst, der beide Strategien versucht hat und mit beiden gescheitert ist.

Wer es besser weiß als er, wer ein Patentrezept hat, wie die Religion mit der modernen Welt zurechtkommen kann, der werfe den ersten Stein auf Papst Pius IX.

8. *Stück*
DER COMPUTER DES HEILIGEN DOMINIKUS
Worin wir lernen,
warum die Frommen so gut rechnen können.

Im heißen Wüstensand Ägyptens saß ums Jahr 300 der heilige Paul von Theben und ärgerte sich sehr. Den ganzen Tag hatte er unter einer Palme gesessen und gebetet. Jetzt aber, als die Nacht hereinbrach, wußte er nicht mehr, wieviel er gebetet hatte.

In aller Herrgottsfrühe hatte Paul sich vorgenommen, den Buß-Psalm Miserere dreihundertmal zu beten. Dann aber, als die Sonne glühend im Zenith stand über Ägypten, irgendwo zwischen dem hundertsten und dem zweihundertsten Mal, hatten sich im müden Kopf des heiligen Paul die Zahlen hoffnungslos verwirrt. Hatte er nicht genug gebetet oder im Gegenteil zuviel?

Der heilige Paul von Theben wird auch der Ureinsiedler genannt. Wir wissen, daß er 113 Jahre alt geworden ist. Er war aber noch nicht einmal siebzig, so berichtet der griechische Historiker Sozomenos, da hatte er die große, leuchtende Idee. Statt im ersten Morgengrauen schon mit dem Beten anzufangen, machte Paul zuerst einmal einen Spaziergang zum nahen Wadi. Dort las er Kieselsteinchen zusammen, genau dreihundert an der Zahl. Dann erst setzte er sich unter seine Palme, begann seine Buß-Psalmen zu beten und, so schreibt Sozomenos wörtlich, ″καϑ' ἑκάστην εὐχὴν ψηφῖδα ἐκρίπτει″ – »am Ende jedes Gebets nahm er ein Kieselsteinchen aus dem Sack und warf es weg in die Wüste«.

Als die Abendsonne rot verglühte über der Wüste Ägyptens, war Ordnung gekommen in die Welt des Ur-einsiedlers Paul. Genau dreihundertmal hatte er den Buß-Psalm Miserere gebetet. Kein einziges Mal weniger, kein einziges mehr.

Das ist die Gebetsmethode des heiligen Paul von Theben. Sie wirkt ein bißchen mühselig. Doch hat sie sich, wie so manches Mühselige, im Christentum erstaunlich lang gehalten. 700 Jahre müssen wir warten, bis wieder Bewegung kommt in diese beschauliche Angelegenheit.

Vielleicht ist es im Libanon gewesen, vielleicht in den Bergen Armeniens, jedenfalls an einer jener Straßen, wo die alte Religion, das Christentum, und die neue Religion, der Islam, einander begegnen. Da sitzt ums Jahr 1000 ein alter christlicher Pilgersmann und wirft nach der bewährten Methode des heiligen Paul von Zeit zu Zeit ein Kieselsteinchen in die Wüste. Kommt des Weges ein junger Pilgersmann, einer von der neuen Religion, ein Mohammedaner. Und es ist nicht irgendeiner, sondern ein besonders moderner, besonders fortschrittlicher Pilgersmann. Ein Sufi-Mystiker kommt des Wegs, bleibt vor dem alten Christen stehen und schüttelt fragend den Kopf: »Was machst du da, Bruder im Herrn?« – »Das siehst du doch«, antwortet mürrisch der alte Christ und wirft wieder ein Kieselsteinchen in die Wüste, »ich bete.« Wieder schüttelt der junge, flotte Sufi-Mystiker nur den Kopf: »Aberaber, Bruder im Herrn, so betet man doch heutzutage nicht mehr.« – »Wie betet man denn heutzutage?« fragt mißtrauisch der alte Christ. »Heutzutage«, sagt der junge Sufi-Mystiker und greift triumphierend in seine Tasche, »heutzutage nimmt man zum Beten dies!« In den Händen eines Mohammedaners sieht ums Jahr 1000 zum ersten Mal ein Christ den Rosenkranz.

Noch gibt es den Ausdruck »Rosenkranz« nicht. Viel bezeichnender ist das erste Wort, das den Christen für die neue Schnur mit Knoten oder Perlen zum Zählen von Gebeten in den Sinn kommt. »Computum« sagt man im Abendland zuerst. »Computare« heißt auf lateinisch »berechnen«. »Computum« heißt »Rechengerät«. Nicht zufällig ist es das gleiche Wort, das heute wieder aus dem Englischen zu uns kommt. Der Rosenkranz ist der Computer des Mittelalters.

Dies ist ja die Zeit, in der die Christen rechnen lernen. Und alles, was sie lernen, lernen sie von den Arabern. Zum Beispiel jene Zahlen, die wir aus gutem Grund noch heute die »arabischen« nennen. Vor allen Dingen die Null und mit ihr das Dezimalsystem. Mit Dutzenden von anderen Techniken des Zählens und des Messens kommt zu uns aus dem Islam der Rosenkranz.

Die Sufi-Mystiker brauchten ein Computum mit 99 Knoten oder Perlen, um beim Beten keinen der 99 »schönen Namen« Allahs zu vergessen. Aber erfunden haben sie den Rosenkranz nicht. Lange vor ihnen, etwa zu Beginn unserer Zeitrechnung, haben in Indien die Anhänger Shivas eine solche Gebetschnur verwendet und sie, wie heute die Jünger Oshos, »mâlâ« genannt. »Mâlâ« heißt auf deutsch »Kranz«.

Es wird vermutet, daß dieser Kranz ursprünglich etwas weniger Harmloses gewesen ist als unser heutiger Rosenkranz. Shiva ist ja der Gott der Vernichtung. Zu seinen Attributen gehört eine Kette gebleichter Menschenschädel, die er, auf eine Schnur gereiht, um den Hals trägt. Ähnlich wie der katholische Priester am Altar das blutige Kreuzesopfer Jesu Christi unblutig wiederholt, mit Wein statt Blut, so haben wohl die ältesten indischen Rosenkranzbeter die blutigen Schädelopfer zu Ehren Shivas im Rosenkranzgebet unblutig wiederholt.

Aus diesen grausigen Anfängen im Shiva-Kult dringt der Rosenkranz langsam in den ungleich menschlicheren Kult Vishnus und von dort in den Buddhismus vom Großen Rad. »O du Kleinod im Schoße der Lotusblume.« 108 Perlen und 108mal: »Om mani padme hum!«

Wie so vieles Heilige, so hat wohl auch die heilige Zahl von 108 Perlen im buddhistischen Rosenkranz einen profanen Grund. Wenn ich von einem deutschen Obsthändler zwanzig Pflaumen will und er selber nicht sicher ist, ob er richtig gezählt hat, dann zählt er kein zweites Mal, sondern nimmt noch drei dazu und sagt: »Zwanzig und ein paar zerquetschte.« Ähnlich die Rosenkranzanbeter der buddhistischen Frühzeit. Hundertmal wollten sie ihr »Om mani padme hum« gebetet haben. Da sie aber nie ganz sicher waren, ob ihnen nicht die eine oder andere Perle unbeachtet durch die Finger geglitten war, so beteten sie zur Sicherheit 108 – »hundert und ein paar zerquetschte«.

Samt der heiligen Zahl 108 überquert der buddhistische Rosenkranz den Himalaya und erobert zuerst Tibet, dann China. Noch ahnt kein Christ etwas vom Rosenkranz, da ist es unter frommen Japanern bereits üblich, wie heute bei uns in katholischen Familien, dem verstorbenen Angehörigen den Rosenkranz mit ins Grab zu geben.

So ist das Christentum unter den Hochreligionen die letzte, die den Rosenkranz übernehmen wird. Daß er trotzdem bei uns seine höchste Blüte erlebt, sowohl in der Technik wie in der Mystik des Gebets, liegt an einem aberwitzigen Zufall. Wenn eine Frau schwanger geht, weiß man nie, was dabei herauskommt. Manchmal sind es sogar Zwillinge. Wenn eine Religion schwanger geht, ist es das gleiche. Zu Beginn des 13. Jahrhunderts bekam die Katholische Kirche plötzlich Zwillinge. Aus der gleichen religiösen Bewegung heraus, der »Armutsbewegung«, wurden zu gleicher Zeit zwei gleiche Orden gegründet: die Franziskaner und die Dominikaner. Auf der Stelle gerieten die beiden Orden, nach Art von Zwillingen, in erbitterte Konkurrenz.

Dabei hatten die Franziskaner eine unverschämte Vorgabe. Wie der Name sagt, hatten sie den heiligen Franz. So populär war der Heilige aus Assisi, daß man ihn, auf lateinisch, »alter Christus« nannte – »Christus unserer Zeit«.

Wer ist dagegen der heilige Dominikus? Tja. Das weiß noch heute niemand so recht. Sehr im Unterschied zu Franziskus war der Stifter des Dominikanerordens zu Lebzeiten jedem Personenkult abhold. Das ehrt ihn, doch das wurde jetzt, nach seinem Tod, für seinen Orden in der täglichen Konkurrenz mit den Franziskanern zum unerträglichen Handicap.

Und dann die große, rettende Idee: Der heilige Franz hat gewiß erstaunliche Wunder gewirkt. Aber der heilige Dominikus hat etwas noch viel Staunenswerteres getan. Wußtet ihr es nicht? Der heilige Dominikus hat den Rosenkranz erfunden. Jaja.

Das ist die Legende, die noch heute in abertausend Kirchen über dem Rosenkranzaltar zu sehen ist. In seiner schwarzweißen Kutte hebt der heilige Dominikus flehend die Hand zum Himmel; durch die Wolken senkt die Gottesmutter huldvoll ihre Hand herab und schenkt ihm den Rosenkranz.

»Gott«, sagt Paul Claudel, »schreibt auch auf krummen Zeilen gerade.« Der fromme Schwindel, mit dem sich die Dominikaner gegen die Popularität des heiligen Franz zu helfen suchten, erwies sich als eine Fügung der Vorsehung.

Im Christentum war der Rosenkranz bis dahin eine Gebetsmethode für Analphabeten gewesen. Nur so ist zum Beispiel zu erklären, daß der christliche Rosenkranz sich gliedert in dreimal fünfzig Ave Maria. In den Klosterkirchen sangen nämlich die gebildeten Mönche den Psalter Davids mit dreimal fünfzig Psalmen. Die ungebildeten »Laienbrüder« – und mit ihnen das genauso analphabetische Volk – sangen derweil das computum, um wenigstens diese heilige Zahl 150 abzubeten: 150 Vaterunser zuerst, später 150 Ave Maria.

Vieles deutet auch darauf hin, daß es bei uns so war wie heute noch in Indien, wo es Rosenkränze für alle abergläubischen Bedürfnisse des Alltags gibt: Rosenkränze zur Schlangenbeschwörung, Rosenkränze zum Schlankwerden, Rosenkränze gegen Impotenz.

Jetzt aber, mit dem Dominikanerorden, übernimmt im Christentum eine hochkirchliche Institution dieses etwas allzu volksfromme Zählwerk. Die Dominikaner sind der intellektuelle Orden des Mittelalters. In den rheinischen Klöstern dieses Ordens, von Konstanz über Kolmar bis Köln, wird aus dem schlichten computum die große, klassische Mantra-Meditation des Westens. Das ist der »Rosenkranz Unserer Lieben Frau«.

Wie in den Mantra-Meditationen des Ostens geht es auch in diesem westlichen Gebet zuerst darum, zur inneren Ruhe zu finden. Der Mensch ist aber kein Engel, sondern ein körperliches Wesen, verwandt mit Katz und Hund. Deshalb findet der Mensch am leichtesten zu sich selbst, wenn er den schweifenden Geist zurückholt in den Körper. Es kennzeichnet die gesunde Körperlichkeit, daß sie dem Gesetz der Wiederholung folgt. Wir atmen in unablässiger Wiederholung, und unser Herz schlägt unablässig gleich. In der rhythmischen Wiederholung des Mantra kehrt der Rosenkranzbeter zurück in das Gesetz seines Körpers. Zugleich erlebt er das Gesetz der Gestirne, der Musik, der Erotik und der Poesie: »Wenn im Unendlichen dasselbe sich wiederholend ewig fließt . . .«, so umschreibt Goethe seine höchste religiöse Erfahrung.

Aber der Rosenkranz Unserer Lieben Frau ist ein westliches Gebet. Während seine Vorbilder, die Rosenkränze des Ostens, sich im Erlebnis der Wiederholung vollenden, verbindet dieser Rosenkranz, der westlichen Mentalität entsprechend, die Mystik der Wiederholung mit einem konträren Element des rasch fortschreitenden Wandels.

Es genügt, einen buddhistischen Rosenkranz neben einen dominikanischen zu legen. Auf den ersten Blick fällt auf, daß die Gebetschnur des Westens, anders als die östliche, in sich gegliedert ist. Jeweils auf zehn kleine Perlen folgt, durch die Verknotung deutlich abgesetzt, eine große Perle. Entsprechend wird, jeweils nach zehn Ave Maria, die rhythmische Wiederholung unterbrochen durch ein Vaterunser. »A set of beads« nennt man im Englischen einen solchen Abschnitt. Im Deutschen hat sich das gleiche Wort erhalten: Zehn Ave Maria und ein Vaterunser sind ein »Gesätz«.

Jedem der fünfzehn Gesätze haben die Dominikaner, in zügigem, theatralischem Wechsel, ein eigenes Meditationsbild zugeordnet, ein sogenanntes Geheimnis. Es handelt sich um die fünfzehn stärksten Bilder aus den großen Mysterienspielen des Mittelalters, zum Beispiel die Verkündigung in Nazareth, die Kreuzigung oder die Auferstehung. Während also der westliche Beter sich – einerseits – dem Erlebnis der Wiederholung überläßt, genauso wie der Buddhist oder der Hindu, schreitet – andererseits – seine religiöse Phantasie mit den fünfzehn Meditationsbildern im raschen Wechsel voran.

Aber ich habe vergessen zu berichten, woher unser Wort »Rosenkranz« kommt. Es stammt aus der deutschen Erotik des 15. Jahrhunderts. Damals war es unter Verliebten üblich, sich Kränze von Rosen zu schenken. Das hat im Konstanzer Dominikanerkloster den Mystiker Heinrich Suso auf den Gedanken gebracht, Maria einen Kranz aus 150 Rosen zu winden. Aus 150 Ave Maria.

Es ist das Paradox der Liebe, das die beiden konträren Elemente des westlichen Rosenkranzes – Wiederholung und Wechsel – mystisch ineinanderfallen läßt. Lacordaire, ein bedeutender französischer Dominikaner des 19. Jahrhunderts, hat das so formuliert: »L'amour n'a qu'un mot, et en le disant toujours, il ne se répète jamais.«

Die Liebe sagt immerzu das gleiche. Und doch wiederholt sie sich nie.

PAPST PIUS V.
UND DIE SCHOKOLADE

Worin wir fasten lernen.

Der Guru saß auf seinem Leopardenfell im Allerheiligsten des Tempels von Bangalore im Süden Indiens. Nur mit einem Lendenschurz bekleidet, nahm er von seinem Himmelbett herab die Huldigung der Gläubigen entgegen.

In diesem Augenblick geschah es: Jemand hinter mir fing ganz schrecklich an zu lachen. Es war ein deutsches Fräulein. Mit dem Finger wies sie auf ein lebensgroßes Foto des Gurus an der Wand. Es zeigte den göttlichen Meister nicht anders, als wie er vor uns saß: mit jenen enormen Fettwülsten, die ihm nach allen Seiten über den nackten Leib hingen, als wäre er eine Reklamefigur für Autoreifen. Unter dem Foto aber stand auf englisch geschrieben: »Dieses Bild zeigt Seine Heiligkeit Shiva Bala Yoghi, wie er durch zwölfjähriges strengstes Fasten zur vollkommenen Erleuchtung gelangte.«

»Wie?« kicherte das Fräulein immerzu. »Ausgerechnet der hier soll zwölf Jahre lang streng gefastet haben?«

Nun ist Höflichkeit in Indien etwas ungleich Wichtigeres als in Deutschland. Als das Kichern hinter mir kein Ende nehmen wollte, hielt ich es für meine christliche Pflicht, mich umzudrehen und ein christliches Wort zu sagen: »Fräulein, merken Sie denn nicht, daß Sie mit Ihrem Gelächter niemand anders lächerlich machen als sich selber? Hätten Sie aus Deutschland auch nur ein bißchen christliche Bildung nach Indien mitgebracht, dann wüßten Sie, daß dieser Mann hier gerade deshalb so dick ist, weil er tatsächlich zwölf Jahre lang streng gefastet hat.« Als sie mich jetzt ganz ungläubig anstarrte, nahm ich sie beiseite. In einem stillen Winkel des Tempels von Bangalore erzählte ich ihr das süßeste Kapitel aus der christlichen Religionsgeschichte. Es ist die Geschichte von der Erfindung der Schokolade.

Wir sind im Jahre 1569. Auf seinem Purpurthron im innersten Gemach des Vatikans sitzt Papst Pius V., Pius der Heilige. Und es wäre bestimmt falsch, die Lage dramatischer zu schildern, als sie ist: An diesem Morgen vor 410 Jahren zerbricht Sankt Pius sich den Kopf über vieles – über die Schokolade bestimmt nicht. Mit vierzehn Jahren schon war dieser Papst Mönch geworden, Mönch im Dominikanerorden. Die Karriere, die er bis zu seiner Papstwahl in diesem Orden gemacht hat, faßt die offizielle kirchliche Biographie so zusammen: »*Inquisitoris officium inviolabili animi fortitudine diu sustinuit – Das Amt des Inquisitors hat er lange Zeit mit unerschütterlicher Charakterstärke ausgeübt.*« Mit anderen Worten: Ein Schokoladetyp ist der heilige Pius bestimmt nicht.

In einem endlosen Monolog unterhält er an diesem Morgen das Kardinalskollegium über seine neueste Zwangsidee: Papst Pius V. will den größten Kreuzzug aller Zeiten gegen die Türken organisieren. Endlich wagt es einer der Kardinäle, ein Wort dazwischenzuwerfen: »*Heiliger Vater, draußen wartet noch immer der Abgesandte der Bischöfe von Mexiko, Fra Girolamo di San Vincenzo. Er bittet dringend um eine persönliche Entscheidung Eurer Heiligkeit im großen mexikanischen Schokoladestreit.*«

Dies ist der Bericht, den Fra Girolamo di San Vincenzo im Auftrag der Bischöfe Mexikos dem Heiligen Vater erstattete: Schon im Jahre 1502 war es Kolumbus auf seiner vierten Reise nach Amerika aufgefallen, daß die Rothäute aus mandelförmigen Bohnen ein braunes Getränk bereiteten. Cacahaquahuitl hieß der Baum, Cacahatl die Frucht, Xocoatl das Getränk, und es war für europäischen Geschmack so scheußlich bitter und fett, daß es noch zwanzig Jahre später den spanischen Kriegern bei der Eroberung Mexikos auf der Stelle den Magen umdrehte.

Wahrscheinlich hätten die spanischen Plünderer nebst allem anderen auch den letzten Cacahaquahuitl-Baum in Mexiko umgehauen, wäre nicht im Troß des wüsten Heeres eine feinere Sorte Leute mitmarschiert. Das waren die Missionare: Priester, Mönche, Nonnen, mit einem Wort Leute, die vom Essen und Trinken etwas verstanden. Etwa um die Mitte des Jahrhunderts begannen allerwärts in den neuen Klosterküchen Südamerikas verwegene Experimente. Denn die Zeit drängte. 1545 hatte das Konzil von Trient begonnen, und es war, genauso wie das jüngste Vatikanische Konzil, ein Reformkonzil. Allerdings verstand man damals unter Reform genau das Gegenteil von dem, was man heute darunter versteht: nicht Lockerung, sondern Verschärfung der Disziplin; also zum Beispiel: strenge Einhaltung der Fastengebote in den Klöstern.

Wir wissen nicht mit Sicherheit, welchem Kloster der Ruhm gebührt, als erstes das Konzil überlistet zu haben. Wahrscheinlich sind es die Nonnen des Klosters Unserer Lieben Frau von Guanaco, die zuerst die geniale Idee hatten, das Fett vom flüssigen Kakaobrei abzuschöpfen und ihm gleichzeitig so viel Vanille und Zucker beizugeben, daß sich das gräßliche Getränk Xocoatl für den christlichen Geschmack in jene fabelhafte Schleckerei verwandelte, die wir heute Schokolade nennen. Auch hatten sie wohl als erste den Einfall, das Getränk nicht kalt zu servieren, wie das die Indianer taten, sondern heiß. Wenig später gelang es geistlichen Küchenmeistern in Guatemala, Schokolade als feste Speise in Tafelform zu konservieren.

Jetzt war kein Halten mehr. An allen Fast- und Bußtagen fanden in den Klöstern Südamerikas wahre Schokoladeorgien statt. Das Wunderbare an der Sache nämlich war, daß dabei die verschärften Fastengebote des Konzils von Trient streng eingehalten wurden. In den Verordnungen aus Rom war ja alles ganz genau geregelt, was Fleisch, Fisch und Ei betraf. Aber von Xocoatl war darin nicht die Rede. Von Schokolade hatten Papst und Konzil keine Ahnung.

Nur allzu schnell wurde das christliche Volk auf die Fastenschlemmereien in den Klöstern aufmerksam. Mit Sorge müssen wir hören, welche Ausmaße die fromme Schokoladesucht in der mexikanischen Provinz Chiapas annahm. Dort schritten die Damen der gehobenen Gesellschaft am Schluß der Messe nicht mehr zur Kommunionbank, sondern ließen sich von ihren Dienern in der Kirche eine dampfende Tasse Schokolade servieren. Das gemeine Volk knabberte derweil Schokolade von der Stange. Als der Bischof von Chiapas, Bernardo de Salazar, gegen diesen Unfug einschritt, wurde er von fanatischen Schokoladeanhängerinnen meuchlings vergiftet.

Jetzt naht der historische Augenblick. Nach allem, was wir über den Verlauf der Audienz wissen, hat Papst Pius V. bei diesem Bericht aus Mexiko nämlich überhaupt nicht zugehört. Der Geist des Inquisitors ist ganz bei seinen phantastischen Kriegsplänen gegen die Türken. Er wisse, gesteht er seinen Kardinälen, nichts zu sagen zu diesem Bagatellproblem aus Amerika, ja er wisse nicht einmal, wie Schokolade schmecke, nie im Leben habe er von so etwas auch nur gekostet. Mit diesem Einwand allerdings hat Fra Girolamo di San Vincenzo aus Mexiko gerechnet. Extra, so versichert er dienstfertig, habe er ein ganzes Kistchen allerfeinster Schokolade aus Amerika mitgebracht. Ob Seine Heiligkeit nicht zur Probe ein Täßchen kosten wolle?

Wenig später riecht es in der Küche des Vatikans zum ersten Mal in der Geschichte nach dampfender Schokolade. Dann wird die Tasse dem Heiligen Vater feierlich gereicht. Ein feierlicher Augenblick ist es in der Tat. Zum ersten Mal in der christlichen Glaubensgeschichte wird ein dogmatisches Problem empirisch gelöst.

Der Inquisitor riecht. Der Inquisitor schnuppert. Dann nimmt der Inquisitor beherzt einen Schluck.

Im selben Augenblick verzieht sich sein Gesicht zur Grimasse. Papst Pius V. schüttelt sich vor Ekel. Und er spricht die historischen Worte: *»Potus iste non frangit jejunium.«* Das heißt auf deutsch: *»Schokolade bricht die Fasten nicht.«* Im Gegenteil, meint der heilige Pius, ein so scheußlich süßes Getränk könne er der ganzen Christenheit geradezu als Bußgetränk für die Fastenzeit empfehlen. Kein Zweifel: Papst Pius V. steht auf sauer.

Jetzt beginnt der Siegeszug der Schokolade durch die tridentinisch reformierten katholischen Küchen Europas. Über Madrid gelangt sie nach Rom und wird für ein Jahrhundert zur Lieblingsspeise des fastenstrengen italienischen Klerus. Welches Ausmaß die geistliche Schleckerei in Rom selbst annimmt, ersehen wir am besten aus den betrüblichen Umständen der Heiligsprechung von Sebastian de Aparicio. Wir haben Beweise dafür, daß während des Heiligsprechungsprozesses der Päpstliche Protonotar mit acht Pfund Schokolade bestochen wurde, sein Sekretär mit zwei Pfund. Trotzdem kam der Prozeß nicht vom Fleck. Erst eine weitere Bestechung mit sechzig Pfund Schokolade im Jahre 1697 machte den Sebastian de Aparicio endlich zum heiligen Sebastian.

Die leidenschaftlichsten Freunde und Förderer hatte die Schokolade im Jesuitenorden. So veröffentlichte der Jesuit Olonius Ferronius eine begeisterte *»Ode an den Kakaobaum«.* Der Jesuit Andreas Forzoni schenkte der Welt eine *»Elegia in laudem cocolatis«,* und sein Ordensbruder Thomas Strozzi ließ sich gar hinreißen zu einem 89 Druckseiten umfassenden Hymnus: *»De mentis potu sive de chocolatis opificio.«*

Es ist jetzt zu berichten, daß just zu dieser Zeit ein schwerer Streit schwelte zwischen dem Jesuitenorden und dem Dominikanerorden. Die beiden Orden stritten sich über das Wesen der göttlichen Gnade und um die Pfründen der Inquisition. Je süßer die Jesuiten das Lob der Schokolade sangen, desto saurer wurden die Dominikaner. Und obwohl Papst Pius V. selbst Dominikaner gewesen war, beginnt sein Orden jetzt zu Beginn des 17. Jahrhunderts noch einmal einen erbitterten moraltheologischen Feldzug wider die Schokolade. In diesem Streit hat sich selbst ein so bedeutender Moraltheologe aus dem Dominikanerorden wie Daniele Concina verschlissen. Seine zahlreichen Abhandlungen über das Problem strotzen vor Haß gegen die Jesuiten und gegen die Schokolade.

Es ging jetzt schon gar nicht mehr nur ums Fasten. Die Dominikaner vertraten nämlich immer stärker die Auffassung, Schokoladeessen sei deshalb unmoralisch, weil im Kakao eine geheimnisvolle Kraft enthalten sei, ein Aphrodisiakum, also eines jener Stärkungsmittel, die Heinrich Lübke an die japanische Hafenstadt Osaka zu erinnern pflegten. Wurde nicht gar in spanischen Klosterküchen heimlich ein frivoler Gassenhauer gesungen mit dem Vers:

> *»Cuando llegarà aquel dia*
> *Y aquella feliz mañana,*
> *Que nos lleven a los dos*
> *El chocolate en la cama?«*

Ich werde mich hüten, meine Damen und Herren, dieses verwerfliche Schokoladeliedchen ins Deutsche zu übersetzen. Ich habe nämlich keine Lust, mir jene fromme Empörung auf den Hals zu laden, die damals einen jungen Wiener Arzt, Johann Michael Haider, fast das Leben gekostet hat. In seiner Doktordissertation *»Disputatio medico-diaetetica«* hatte er die dominikanische These vertreten, Schokolade sei ein *»Veneris pabulum«* – eine *»Venusspeise«* –, und damit der Zölibat endlich wieder ein bißchen besser eingehalten werde, sei es an der Zeit, der katholischen Priesterschaft jeglichen Genuß von Schokolade strengstens zu verbieten.

Über diese Zumutung war der österreichische Klerus so empört, daß es einen Augenblick schien, als werde Doktor Haider an der Seite von Monsignore Salazar, dem Bischof von Chiapas, eingehen in die Geschichte als zweiter Märtyrer der Schokolade. Schließlich begnügte man sich aber damit, nicht Haider selbst, sondern nur seine Schrift wider die Schokolade in Wien öffentlich und feierlich zu verbrennen.

Im Grunde aber war der Wiener Schokoladestreit nur ein provinzielles Nachhutgefecht. In Rom selbst war zu diesem Zeitpunkt der Disput längst entschieden. Dafür hatte hauptsächlich Kardinal Brancaccio gesorgt. Seine *»Diatribe de potu chocolatae«* – »Streitschrift für die Schokolade« – 1662 erstmals gedruckt, fand im Klerus reißenden Absatz, und bald war die sechste Auflage vergriffen. Die Schokolade hatte gesiegt. Die Jesuiten triumphierten.

Sie triumphierten zu früh. Jetzt nämlich naht die Stunde der Finsternis. Es naht die Stunde des Verrats. Um es mit der alten katholischen Klage zu sagen: *»Church of England! So near – and yet so far!«*

Thomas Gage heißt der Verräter. 1612 schickt ihn sein papistischer Vater aus England nach Spanien, damit er dort Jesuit werde und einst das abtrünnige Albion zurückführe in den Schoß der alleinseligmachenden Kirche. Tatsächlich wird der vielversprechende Thomas um 1625 zum Priester geweiht. Ob des vielen Kakaotrinkens bei den Jesuiten hat Pater Thomas freilich sein englisches Vaterland vergessen. Er schifft sich ein als Missionar nach den Philippinen. Leider ist Thomas Gage nie auf den Philippinen eingetroffen. Beim Zwischenhalt in Amerika ist er seinem Orden abhanden gekommen. Dort, zwischen Kolumbien und Mexiko, ist Pater Thomas, der schokoladesüchtige Engländer, 24 Jahre lang buchstäblich im Kakao versumpft. Dann segelte er, tief gefallen und verkommen, nach Hause zurück – natürlich nicht nach Madrid, sondern nach London. Für ein paar Silberlinge schreibt er dort ein Buch, in dem er alles verrät, was ein katholischer Priester verraten kann. Er verrät den Glauben der Päpste und kehrt reumütig zurück in den Schoß der Kirche von England. Schlimmer noch: Er verrät die köstlichsten Schokoladerezepte des Jesuitenordens in englischer Sprache an die Protestanten. Schande über »Pater« Thomas Gage.

Noch der englische Seeräuber Francis Drake hatte, wenn er ein spanisches Schiff kaperte, den Kakao voller Verachtung über Bord werfen lassen. Denn was ein richtiger Protestant ist, frißt keine Schokolade. Jetzt aber lief den Engländern ob den verräterischen Ergüssen des Thomas Gage das Wasser so im Munde zusammen, daß sie sich aufmachten, die Kakaopflanzungen von Jamaika zu erobern. Vergeblich mühte sich Sir Roger North, oberster Ankläger im Dienste des Königs, die Schokoladestuben in der britischen Hauptstadt als »Schulen des Bösen« schließen zu lassen. Immerhin verhinderte der puritanische Gegenangriff, daß der Jesuitenschleck, wie es einen Augenblick schien, zum britischen Nationalgetränk wurde. Die Kirche von England trinkt Tee.

So waren es denn nicht die Engländer, die die moderne Schokoladenindustrie geschaffen haben. Und doch behält der deutsche Soziologe Max Weber recht mit seiner Behauptung, daß die gesamte moderne Industrie von Protestanten geschaffen wurde aus dem Geist Johannes Calvins. Wo freilich konnten Protestanten ein so extremes Produkt katholischer Sinnenfreude industrialisieren wie die Schokolade? Nur dort, wo der protestantische Sinn fürs Geld, fürs Geschäft, für die Industrie sich radikal kreuzt mit dem katholischen Kulturkreis, mit der lateinischen Gaumenfreude. Dieser vom Gott Calvins prädestinierte Ort ist die französische Schweiz. Wider alle wirtschaftliche Vernunft, allein aus religiösen Gründen, stehen die berühmtesten Schokoladefabriken der Welt am Genfer See, in Calvins eigenem Land. François Louis Cailler, Philippe Suchard, Henri Nestlé, Daniel Peter und auch die Herren Lindt & Sprüngli: Sie alle waren knochenharte protestantische Geschäftsleute – aber jeder war umgeben von einem ganzen Schwarm von italienischen, von katholischen Schokoladeköchen. Mit der Erfindung von »Peters Milchschokolade« erreicht die Geschichte der Schokolade ihren schweizerischen, ich würde sagen: ihren ökumenischen Höhepunkt.

Warum ich Ihnen dies alles erzähle? Nicht, damit Sie künftig mit jedem Riegel Schokolade gleich die ganze Kirchengeschichte hinunterschlucken, nein. Aber es gibt auch in der Religion so etwas wie Bildung. Ich bin noch immer ganz erschüttert über jenes deutsche Fräulein im Tempel von Bangalore. Denn es ist nicht nur unchristlich, es ist ganz einfach ungebildet, wenn ein Christ über einen indischen Guru lacht, der nach zwölfjährigem strengstem Fasten vor Fett nur so überquillt. Es ist nämlich bei den Hindus heute noch genauso wie bei uns Christen zur Zeit des Konzils von Trient: Die Fastengebote verbieten alles – nur das Süßeste nicht: in diesem Fall jenes köstliche indische Marzipan, das aus der Milch heiliger Kühe bereitet wird. Es ist für die Inder, was für uns die Schokolade ist. Mag ein Inder die höchste Stufe der Entsagung erreichen und sogar auf Reis verzichten, es bleibt ihm unbenommen, soviel Marzipan zu schlekken, wie er will. Für einen indischen Guru gilt noch heute, was durch Jahrhunderte für so manche christlichen Heiligen gegolten hat: Je dicker er ist, desto strenger hat er gefastet.

10. Stück
AGA KHAN AUF DER GOLDWAAGE
Worin wir lernen,
den Erzbischof von Köln zu wägen.

Ob beim Pferderennen in London, ob im Casino an der Côte d'Azur, ob am Arm der Begum in Bayreuth, stets trug Aga Khan die berühmte dunkle Sonnenbrille. Doch es gibt ein Bild, das ihn mit heller, klarer Lesebrille zeigt.

Es ist der 10. März 1936. Das große Stadion von Bombay ist zum Brechen voll mit Gläubigen aus der Sekte der Ismaeliten. Alle starren auf die riesige Waage, die unter einer eigens für diesen Tag erbauten Säulenhalle mitten im Stadion steht. Und dann aus dem Lautsprecher die ehrfürchtige Stimme eines der Ältesten der Ismaeliten: »O Aga Khan, wir bitten dich, als demütige Geste unserer Liebe, unserer Verehrung und unserer Dankbarkeit für die unzählbaren Wohltaten, die du uns in den fünfzig Jahren deines bisherigen Lebens als Imam erwiesen hast, heute auf dieser Waage dein eigenes Gewicht in Gold als Geschenk anzunehmen.«

Das ist der Augenblick, in dem Aga Khan seine dunkle Sonnenbrille gegen eine klare Lesebrille vertauscht hat. Das Bild zeigt ihn auf der einen Schale der Waage, majestätisch zurückgelehnt in seinem Thronsessel, doch zugleich gespannt hinaufstarrend zum elfenbeinernen Zeiger der Waage, während die Ältesten der Ismaeliten, tiefgebeugt vor Ehrfurcht, einen zweiten Thron auf der anderen Schale der Waage mit Goldbarren vollhäufen.

Dank seiner langen Aufenthalte im christlichen Abendland war Aga Khan zum leidenschaftlichen Schokoladenesser geworden. Aber ob es wahr ist, daß er sich wochenlang im voraus mit Pralinen vollgestopft hat, ob der Zeiger der Waage bei 113 Kilo stehenblieb oder, wie manche behaupten, erst bei 172 Kilo, weiß niemand mehr genau. Es ging alles unter im hunderttausendfachen Jubel der religiösen Begeisterung: »Aga Khan Zindabad! Aga Khan Zindabad! Aga Khan Zindabad!«

Nun gibt es auf Erden Menschen, die anderen nichts gönnen können. Die Bilder vom Aga Khan, wie er in Amerika, in Frankreich, in der Schweiz in seinen 43 Villen ein märchenhaftes Luxusleben führte, während zu gleicher Zeit die armen Seelen, die in Indien an ihn glaubten, sein Lebendgewicht für ihn in purem Gold zusammenkratzten, solche Bilder gingen dank »Fox Tönender Wochenschau« durch alle Kinos der Welt und wurden von vielen als Skandal empfunden. Zu Unrecht, wie ich glaube. Rechnen wir doch einmal scharf nach.

Nach dem augenblicklichen Londoner Goldfixing ist ein Kilobarren Gold 17 210 Mark wert. Vorausgesetzt, der Aga Khan war bei jener Feier im Stadion von Bombay tatsächlich mit Pralinen so vollgestopft, daß er 172 Kilo wog, so hat der ganze religiöse Spaß nach heutigem Goldwert 2 960 120 Mark gekostet. Wie man im heiligen Köln in solchen Fällen zu sagen pflegt: »Dat is nit esu vill.«

Daß es wirklich »nit esu vill« ist, erhellt am besten aus einem aktuellen Vergleich. Die beiden deutschen Kirchen kassieren, nach den vorsichtigsten Schätzungen, 16 Milliarden Mark Kirchensteuern im Jahr. Nehmen wir weiter an, diese 16 Milliarden würden nicht lautlos, stillos, bürokratisch von den Finanzämtern eingezogen, wir würden sie vielmehr unseren geliebten Oberhirten in einer großen öffentlichen Freudenfeier übergeben, als »demütige Geste unserer Dankbarkeit«. Nehmen wir in diesem Sinne an, es würde auf der Platte vor dem Kölner Dom auch so eine riesige Goldwaage aufgebaut. Wieviele Goldbarren müßten wir dann, demütig gebeugt, als Kirchensteuer jedes Jahr auf die Waagschale vor dem Kölner Dom türmen? Rechnen wir scharf nach: Vorausgesetzt, das Londoner Goldfixing bleibe stabil bei 17 210 Mark pro Kilobarren feinstem Gold, so sind das, bei 16 Milliarden Mark Kirchensteuern, insgesamt, für ein einziges Jahr, 929 692 Barren. Ich wiederhole: Es sind, als Kirchensteuer, umgerechnet in Barren, 929 692 Kilo pures Gold.

Nehmen wir nun weiter an, eine solche, schier unvorstellbare Waage für 929 Tonnen Gold wäre überhaupt konstruierbar und sie fände auf der Kölner Domplatte Platz, so stellt sich unserem religiösen Empfinden noch beklemmender die Frage, wer als Gegengewicht auf die andere Schale dieser Kirchensteuerwaage springen soll, um sie, ähnlich wie damals in Bombay der Aga Khan, ins Gleichgewicht zu bringen. Auch unter den deutschen Bischöfen gibt es Schokoladenliebhaber, doch unser geliebter Kölner Oberhirte Joachim Kardinal Meisner gehört nicht dazu. Nach vertraulichen Schätzungen wiegt er in vollem Ornat nur 85 Kilo. Spränge Joachim Kardinal Meisner allein auf die Schale, es ginge nicht einmal ein leises Zittern durch die Waage vor dem Kölner Dom. Selbst wenn sämtliche katholischen und evangelischen Bischöfe mitsprängen, die christliche Waage vor dem Kölner Dom würde sich nicht einen Hauch bewegen. Es sind ja in der anderen Schale 929 Tonnen

Kirchensteuergold. Für ein einziges Jahr. Dat is vill. Esu vill is dat!

Es ist so viel, daß, angenommen ein durchschnittlicher Kirchenfürst wiege in vollem Ornat auch etwa 85 Kilo, insgesamt 10 938 Bischöfe und Kardinäle, ja daß der Papst selbst auf die Schale vor dem Kölner Dom springen müßte, um den maßlosen Segen der deutschen Kirchensteuer wieder in ein menschliches Gleichgewicht zu bringen. Wie anspruchslos, wie unglaublich bescheiden wirkt im Vergleich dazu der Aga Khan im Stadion von Bombay, ganz allein auf der Waage mit seinen lumpigen 172 Kilobarren Gold.

Dabei war Aga Khan, religiös gesehen, etwas viel Höheres als nur so irgendeiner von vielen christlichen Kirchenfürsten. Er war, in der 48. Generation, der leibliche Nachkomme des Propheten Mohammed, er war der Imam von etwa zehn Millionen Ismaeliten und als solcher, nach dem Glauben dieser Sekte, nicht weniger als Gott selbst. Allerdings, dogmatisch merkwürdig verdrechselt, ein »verhüllter und fehlbarer Gott«.

Wie fehlbar so ein indischer Gott sein kann, zeigte sich im Jahre 1929. Etwas erschöpft von seinen endlosen Reisen durch die Casinos der Welt, war Aga Khan zur Badekur nach Aix-les-Bains gefahren. Doch wie immer, wenn er in Frankreich war, ergriff ihn, allem ärztlichen Verbot zum Trotz, seine verzehrende Sucht nach Schokolade. Wie gebannt blieb er stehen vor der feinsten Konditorei von Aix-les-Bains, vor der Confiserie Caréna.

Was seine Diener wenig später hinter ihm hertrugen, waren ganze Berge von Pralinen. Noch am gleichen Tage kam er wieder. Er kam ein drittes Mal. Als der Abend hereinbrach, hatte Aga Khan die gesamte Confiserie Caréna leergekauft. In Aix-les-Bains begannen manche sich zu fragen, ob nicht etwas mehr sei in der Konditorei Caréna als nur Schokolade.

Es war die Schokoladenverkäuferin, es war die schöne Andrée. Zwei Wochen später trat der indische Gott mit seiner dunkelsten Sonnenbrille vor sie hin: »Ich bin«, sagte er, »der Aga Khan.« – »Das«, antwortete vorwitzig die schöne Französin, »ist mir schon eine Weile klar.« – »Ich wollte Sie«, fuhr Aga Kahn fort, »einladen zu einer kleinen Reise.« Da zuckte die schöne Andrée nur die Schultern: »Wie soll ich mit Ihnen in der Welt herumreisen, Monsieur. Ich muß Schokolade verkaufen.« – »Es ist nicht nur eine kleine Reise«, antwortete der Aga Khan. »Es ist mein Herz, es ist meine Hand, und es ist mein ganzes Vermögen.«

Es waren die zwanziger Jahre, es war die große Zeit der Illustrierten. Die Geschichte von dem indischen Gott und Milliardär, der sich verliebt in eine kleine französische Pralinenverkäuferin, der sie, Hals über Kopf, zur Begum machte, zu seiner Fürstin, wurde zur schönsten Legende des 20. Jahrhunderts. Auch wenn sie nur zur Hälfte stimmt.

Wahr ist, daß es in Aix-les-Bains eine Konditorei Caréna gab, und daß dieses kleine Pralinengeschäft, wie der Name sagt, Madame Caréna gehörte, einer überaus geschäftstüchtigen Frau. Kaum hatte Madame Caréna gemerkt, daß der schokoladensüchtige Gott aus Indien um ihre Confiserie herumlungerte, schickte sie ihre wirkliche Pralinenverkäuferin resolut nach Hause und stellte dafür ihre eigene Nichte hinter den Ladentisch, die besagte Andrée, die zwar von Pralinen nicht das geringste verstand, dafür um so mehr davon, älteren Herren den Kopf zu verdrehen. Auf diese raffinierte Intrige ist Aga Khan hereingefallen.

Ein Gott ist hereingefallen auf eine Frau. Er konnte sich diese kleine Fehlbarkeit leisten, er hat sie sich oft geleistet, denn er blieb unfehlbar in der einzigen Sache, auf die es, auch für einen Gott, wirklich ankommt auf der Welt hienieden: Nie hat Aga Khan *in seinen Geschäften* den geringsten Fehler gemacht.

Als junger Imam hatte er 1906 dem alternden John D. Rockefeller auf seinem Landgut »Pocantico« am Hudson zum ersten Mal seine Aufwartung gemacht. Es war eine Begegnung zwischen zwei Göttern. Doch der junge indische Gott war klug genug, zu erkennen, daß der amerikanische Multimilliardär ein größerer Gott war als er selbst, mächtiger und wissender. Rockefellers Ratschlägen aufs Wort folgend, hat Aga Khan fast sein ganzes Vermögen zuerst in die Texas Oil Company gesteckt, später auch in die Arabian-American Oil Company. Die Spekulation ging wundersam auf. Wo fortan Öl gefunden wurde, nicht nur in Texas, auch in Oklahoma, in Venezuela, in Arabien, am Golf, überall auf der Welt kassierte, wie ein Märchengott der freien Marktwirtschaft, der Aga Khan. Daß ihm sein erlesener englischer Reitstall viele Millionen einbrachte, daß seine dankbaren Gläubigen ihn, wenn er, selten genug, nach Hause kam, mal in Gold aufwogen, mal gar in Juwelen, das waren so kleine Nebenverdienste, die der Aga Khan sich, huldvoll amüsiert, gefallen ließ.

Im 1. Weltkrieg hatte er sich um Englands Krone verdient gemacht, als er die mohamedanischen Massen Indiens davon abhielt, dem türkischen Aufruf zum Heiligen Krieg gegen Großbritannien zu folgen. Er bekam dafür den Titel »Königliche Hoheit«. 1936 durfte er sogar, von Englands Gnaden, einen Augenblick dem Völkerbund in Genf vorsitzen. Politisch ernst genommen aber haben ihn die Engländer nie. Für sie spielte er die Rolle des kolonialen Exoten, mit dem sich die Weltmacht England herablassend schmückte. Ein Protokollbeamter im Buckingham Palast hat es einmal so formuliert: »Der Aga Khan ist Gott; das heißt, er hat seinen Platz bei Tisch etwas unterhalb von einem britischen Herzog.«

In seiner erlesenen, aber keineswegs protzigen schweizerischen Villa in Versoix am Genfer See ist Aga Khan am 11. Juli 1957 gestorben.

Kurz zuvor hatte er noch eine letzte Reise in die Stadt unternommen, die er am meisten liebte, nach Paris. Da er das »Ritz« nicht mehr ausstehen konnte, stieg er im »Crillon« ab, einem kleineren Hotel an der Place Concorde, wo heute das Zimmer 1200 Mark die Nacht kostet. Vom Empfangsherrn gebeten, sich ins Register einzutragen, schrieb er, wie es seine Gewohnheit war, unter »Beruf« in dicken Druckbuchstaben: »DIEU«. Das heißt auf deutsch »Gott«. »Was ist das, Gott?« fragte, nicht sehr taktvoll, nicht sehr devot, der Empfangsherr. Doch die westliche Impertinenz brachte den indischen Gott nicht in Verlegenheit: »Da ich Gott selber bin«, gab er zur Antwort, »weiß ich das nicht genau. Aber es gibt jemanden, der alles weiß, was Gott selbst nicht weiß. Wenden Sie sich mit Ihrer Frage am besten an den Heiligen Vater in Rom.«

WARUM WAREN DIE MÖNCHE SO DICK?

*Worin wir die 6882-Kalorien-Diät
kennenlernen.*

Vom größten Mönch und Gottesgelehrten des Mittelalters, vom heiligen Thomas von Aquin, wird berichtet, daß seine Mitbrüder extra für ihn eine nierenförmige Bucht in den klösterlichen Eßtisch gehobelt haben. Damit er überhaupt Platz nehmen konnte. So dick war der heilige Thomas von Aquin.

Er nahm das übrigens mit Humor. Wenn seine Mitbrüder ihn hänselten, pflegte er zu sagen: »Schon bei Aristoteles steht geschrieben: Dicke Männer sind intelligenter als dünne.«

Unter diesem Gesichtspunkt kommt den Forschungen des französischen Historikers Michel Rouche besondere Bedeutung zu. Sie beweisen, daß die meisten Mönche des Mittelalters dem heiligen Thomas von Aquin an Intelligenz und an Humor kaum nachstanden. Rouche hat nämlich mit geradezu mönchischem Fleiß alle verfügbaren Dokumente über die klösterlichen Küchen und Keller jener Zeit gesammelt und ausgewertet. Hier sein statistisch exakter Schluß: In der Abtei Saint-Germain-des-Prés vor den Toren von Paris verzehrte ein ganz normaler Mönch an einem ganz normalen Wochentag genau 6882 Kalorien.

Wir wollen das gar nicht erst in Joule umrechnen, sonst wird es noch mehr. Begnügen wir uns mit dem Hinweis, daß die berühmte Kalorientabelle von Barbara

Lüdecke für einen vergleichbaren modernen Beruf, nämlich für Lehrer, höchstens 2400 Kalorien pro Tag gestattet. Was darüber ist, das ist vom Übel. Besonders, wenn man bedenkt, daß die Menschen im Mittelalter wesentlich kleiner gewachsen waren als heute.

Gewiß, anderwärts ging es ein bißchen magerer zu als in Saint-Germain-des-Prés. Aber nur ein bißchen. Nirgendwo in Frankreich sank der normale tägliche Kalorienverbrauch pro Mönch unter 4700. Und es sei gewarnt vor nationalen Vorurteilen. Französische Mönche aßen zwar besser. Aber alle verfügbaren historischen Quellen deuten darauf hin: Deutsche Mönche – auch englische übrigens – aßen mehr.

Und auch dies sei betont: Der Historiker Michel Rouche ist keineswegs ein übelwollender Antiklerikaler, ein hämischer Linksintellektueller. Wie wohlwollend er im Gegenteil seine Rechnung aufgezogen hat, zeigt der Umstand, daß er nur die Rationen für einen ganz normalen klösterlichen Wochentag berechnet hat. Gewiß, es gab auch die Fastenzeit, es gab die mageren Freitage. Vor allen Dingen aber gab es die Festtage. Über den Daumen gerechnet war jeder dritte Tag im mittelalterlichen Jahreslauf ein Festtag. Und an Festtagen wurde in den Klöstern noch viel mehr gegessen als an normalen Tagen.

So muß denn das Ergebnis der wissenschaftlichen Diskussion, welche die Forschungen von Monsieur Rouche in Frankreich ausgelöst haben, als bestürzend bezeichnet werden. Andere französische Historiker und der belgische Soziologe Léo Moulin haben inzwischen soviel zusätzliches Quellenmaterial zutage gefördert, daß zweifelsfrei feststeht: Michel Rouche hat sich verrechnet. Aber nicht nach oben, sondern nach unten. Die Mönche aßen und tranken in Wirklichkeit noch viel mehr als nur so zwischen 4700 und 6900 Kalorien. Waren es 7000, 8000, 9000 oder gar 10 000 Kalorien? Schauen wir uns das im Detail an.

»Panem nostrum quotidianum ... Unser täglich Brot gib uns heute«: Rouche geht davon aus, daß der mittelalterliche Mönch jeden Tag anderthalb bis zwei Kilo Brot aß. Also – nach Barbara Lüdeckes Tabelle – etwa 3000 Kalorien. Tatsächlich wurde damals ganz allgemein viel mehr Brot gegessen als heute. Auch ist nachgewiesen, daß zum Beispiel die Abtei Cluny für etwa 300 Mönche täglich 470 Kilo Mehl verbrauchte, was also, auf den ersten Blick, gut anderthalb Kilo Brot pro Mönch ergibt.

Aber halt! Aus Mehl kann man nicht nur Brot machen! Rouche hat völlig übersehen, daß die mittelalterlichen Mönche Meister waren in der Herstellung von süßem Gebäck: »Frigodolae«, »crispelae«, »refelae«, »cratones«, »flandines«, »bracelli«, »oblatae«, »piperati«, »mellati«, »nebulae«, »oblatae« – so hießen die raffinierten Krapfen und Waffeln, Honig- und Pfefferkuchen. Und wissen wir auch nicht im einzelnen ganz genau, wie diese Plätzchen geschmeckt haben, so wissen wir doch dies: Sie waren alle unbeschreiblich süß und fett.

Auf zwei Dinge war das Mittelalter ganz versessen: Honig und Mandeln. Es ist vollkommen wirklichkeitsfremd, wenn Michel Rouche einen täglichen Verbrauch von nur 0,6 bis 1,1 Gramm Honig pro Mönch annimmt. Die Mönche waren ja die großen Bienenzüchter des Mittelalters. Sie brauchten enorme Mengen Wachs für die Altar-Kerzen, und Wachs ist nur ein Nebenprodukt von Honig. Es gab fast nichts, was damals nicht mit Honig gesüßt wurde. So wissen wir zum Beispiel vom heiligen

Ludwig, daß er während der Fastenzeit zur besonderen Abtötung des Leibes statt Wein Bier trank. Allerdings fügt der Chronist hinzu, daß Sankt Ludwig das Bier der Buße mit Honig süßte.

Die feinsten Schleckereien in den Klöstern waren eine Kombination von Honig und Mandeln. Als der heilige Franz von Assisi im Sterben lag, hatte er einen letzten Wunsch. Ihn gelüstete nach dem süßen Mandelgebäck der »tartarae«. Das ist eine Todsünde nach Barbara Lüdeckes Kalorientabelle. Es ist auch nach den Gesetzen der Katholischen Kirche eine Todsünde, wenn eine Nonne ein Männerkloster betritt. Und doch hat niemand es gewagt, dem heiligen Franziskus seinen letzten Wunsch abzuschlagen: daß nämlich Schwester Jakobine ihm persönlich eine Schale voll Mandelgebäck ans Sterbebett bringe. Denn das wußte der heilige Franz ganz genau: Keiner backte die Tartarae so süß wie Schwester Jakobine von Settesoli.

Soll ich jetzt noch lange reden von den erlesenen Rezepten für orientalische Süßigkeiten, die die Mönche im Gefolge der Kreuzritter aus Damaskus heimbrachten? Soll ich die kleinen Aniskuchen beschreiben, die Ingwer-Bonbons, die eingelegten Früchte oder gar die Krapfen mit Rosenblättern und Blattgold, die der Ruhm der Karmeliter-Küche waren? Alles Dinge, die Barbara Lüdecke in ihrer Kalorientabelle streng verbietet und die Michel Rouche in seiner wissenschaftlichen Kalorienrechnung für die Klöster des Mittelalters völlig vergessen hat.

Vergessen hat er auch die schlimmsten Sünden. Das sind die Sünden des Fleisches. Der große Mönchsvater des Westens, der heilige Benedikt, hat zwar Fleisch in Klöstern streng verboten. Aber er läßt ein winziges Tor offen: »Für Schwerkranke«, schreibt der heilige Benedikt, sei Fleisch erlaubt.

Die Folge war, daß sich in den mittelalterlichen Klöstern niemand so richtig gesund fühlte. Ohnehin wurden die Mönche zwölfmal im Jahr zur Ader gelassen und hatten in den folgenden Tagen Anspruch auf Krankendiät. Des weiteren ist zu beachten, daß laut dem ersten Buch Moses das Geflügel von Gott nicht am gleichen Tag wie die Vierbeiner erschaffen wurde, sondern zusammen mit den Fischen, daß somit Enten, Wachteln, Truthähne gar nicht unter das Verbot des heiligen Benedikt fallen. Daß schließlich an manchen Tagen am klösterlichen Tisch Gäste zu bewirten waren, Männer von Welt, denen man die Entsagungen des heiligen Benedikt nicht zumuten mochte, so daß die ganze Mönchsgemeinde an solchen Tagen höflichkeitshalber mit den Gästen zusammen Fleisch aß. So ging es weiter, aus einer Ausnahme ergab sich auch schon die nächste, bis zum Schluß in der wichtigsten Abtei, in Cluny, der Speisezettel so aussah: An allen Tagen, außer Mittwoch und Freitag, zweimal Fleisch, und zwar mittags meist Rind, abends meist Schwein, dazu, lediglich als Vorspeise, Geflügel, Pastete oder Pökelfleisch.

Hätte uns so ein mittelalterlicher Klosterbraten geschmeckt? Wahrscheinlich nicht. Das Fleisch war nämlich völlig zerkocht. Schon die jüngeren Mönche hatten ja, wie die meisten Menschen im Mittelalter, keine Zähne mehr. Deshalb wurde auch, noch vor der Hauptspeise, auf jeden Fall ein »pulmentum« serviert, ein dicker Hafer- oder Gerstenbrei, den auch der zahnloseste Jüngling problemlos hinunterschlingen konnte.

Schlimmer noch: Vor allem in Deutschland schwamm

die ganze mittelalterliche Klosterküche nur so im Schweineschmalz. Um die Verdauung zu erleichtern, wurde es mit Dill gewürzt. In der Fastenzeit allerdings wurde in den meisten Klöstern zum Zeichen der Buße auf Schweineschmalz verzichtet – und dafür mit reiner Butter gekocht.

Viel raffinierter zubereitet als das Fleisch waren die Fischgerichte. Das zeigt der Vorwurf, den die schöne Heloise im Kloster Cluny ihrem unglücklichen Abälard machte: Er solle doch auf den Luxus des Fisch-Essens verzichten und zur Buße wieder mal mit Fleisch vorlieb nehmen. Als feinster Fisch galt den Mönchen übrigens der Barsch. Flußkrebse dagegen mochten sie nicht – die galten im Mittelalter als Arme-Leute-Essen.

Auch Eier verachteten die frommen Männer nicht: Von sechs Eiern täglich für den Abt und zwölf für die jüngeren Mönche lesen wir hier, dort gar von 30 Eiern pro Tag für jeden Mönch. Spiegeleier, Rühreier, weiche Eicher, pochierte Eier, Omeletten – eine süddeutsche Chronik berichtet gar von einem Mönch, der am übermäßigen Genuß von Ostereiern gestorben ist.

Was wurde dazu getrunken? Michel Rouche setzt in seine Kalorien-Rechnung anderthalb Liter Wein ein, pro Tag und pro Mönch. Nur anderthalb Liter? Das wäre gelacht. Inzwischen besitzen wir genauere Zahlen. Im Frankreich des 9. Jahrhunderts waren es nachweislich etwa dreieinhalb Liter pro Tag. Und nach den sehr gewissenhaften Forschungen von Pater Philibert Schmitz trank der normale süddeutsche Mönch im 14. Jahrhundert sogar vier Liter Wein pro Tag. Wie wählerisch die Mönche dabei waren, zeigt eine Bemerkung des heiligen Bernhard von Clairvaux. Er beklagt sich, daß zum Essen drei verschiedene Krüge mit Wein angeboten würden, und daß die Mönche so lange an den drei Krügen schnupperten, bis sie herausgefunden hätten, welches die bessere Sorte sei.

Dabei gab es für den Wein gewisse Regeln und Einschränkungen für den Luxus. Das Bier dagegen galt selbst in den meisten deutschen Klöstern als etwas so Gemeines, daß besondere Vorschriften nicht nötig schienen. In der Abtei Trier hieß es zum Beispiel nur, an Fastentagen sei die Mahlzeit statt mit Wein »cum aqua aut cerevisia – mit Bier oder Wasser« zu servieren. »Bier oder Wasser« – eins wie das andere. Wobei zu beachten ist, daß »aqua« mit Wasser gar nicht richtig übersetzt ist. Reines Wasser galt in mittelalterlichen Klöstern als ungesund. Was in den Chroniken als »aqua« bezeichnet wird, war stets verdünnter Frucht- oder Beerensaft.

Wenn es nicht etwas ganz anderes war. Nicht zu Unrecht gilt der Patron Irlands, der heilige Patrick, als Erfinder des Whiskey. Drei von vier großen irischen Whiskey-Destillerien stehen genau dort, wo zuvor eine große Abtei stand. Kirschwasser, Mirabellenwasser, Pflümliwasser – fast alle die erlesenen Schnäpse Süddeutschlands sind klösterlichen Ursprungs. Auch davon können die Mönche nicht schlank geworden sein.

Zu sagen wäre noch viel über das Gemüse, über das Grundnahrungsmittel der klösterlichen Küche, nämlich über die dicken Bohnen, und über den Spinat, der erst als Delikatesse galt, wenn er drei Tage auf dem Feuer gestanden hatte. Aber lassen wir das.

Es ist Zeit für die dringendste aller Fragen: Warum haben diese Männer Gottes, die doch ein so hohes Ideal der Enthaltsamkeit und der Entsagung hatten, warum

95

haben sie – sit venia verbis – so maßlos gefressen und gesoffen?

Zwei Dinge kamen da zusammen. Zwei Dinge, die sich in jeder religiösen Fehlentwicklung wiederfinden: ein Ideal, das nicht zur Wirklichkeit paßt, und eine Wirklichkeit, die nicht zum Ideal paßt.

Das Ideal bekamen die Mönche jede Nacht um Mitternacht zu hören, wenn in der Matutin, wie heute noch, die Lebensgeschichten der großen Heiligen vorgelesen wurden. Da war die Geschichte vom heiligen Nikolaus von Myra, der schon als Säugling soviel vom Fasten hielt, daß er sich mittwochs und freitags weigerte, die Milch von der Brust seiner Mutter zu trinken. Da war der heilige Romuald, der täglich nur eine Handvoll Erbsen aß. Da war der heilige Coelestin, für den das Jahr nicht nur eine, sondern sechs Fastenzeiten hatte. Da waren vor allem die großen Wüstenväter, zum Beispiel Antonius der Einsiedler, der niemals vor Sonnenuntergang etwas aß, und dann auch nur ein paar Kräuter und einen Becher Wasser.

So sah das Ideal aus. Und jetzt die Wirklichkeit: Ob Mönche oder nicht Mönche, die Menschen des Mittelalters lebten in panischer Angst vor dem Hungertod. Mochte das Wetter schlecht ausfallen, mochte ein Krieg hereinbrechen, schon waren ganze Länder vom Hunger bedroht. Ähnlich wie heute älteren Menschen die Angst vor dem Krebs, so saß damals jung und alt die Angst vor dem Hunger in den Knochen. Im Grunde war es ein gesunder, ein natürlicher Instinkt der Selbsterhaltung, daß der mittelalterliche Mensch immer dann, wenn überhaupt etwas da war, soviel hinunterschlang wie nur möglich.

Ein zweites kam hinzu: die Angst vor der Kälte. Bis

ins 12. Jahrhundert waren die Klöster, von der Küche einmal abgesehen, überhaupt nicht geheizt. Später hatte ein einziger Raum, das »calefactorium«, ein Kaminfeuer. Es gab im Grunde nur einen wirksamen Schutz gegen Kälte: eine möglichst dicke Schicht Fett. Nicht einmal das half viel. So schlimm war die Kälte, daß bis ins 12. Jahrhundert immer drei bis vier Mönche zusammen in einem Bett schliefen. Da drängten sie sich aneinander, mit ihren fetten, aufgedunsenen Körpern, ekelten sich voreinander, ekelten sich vor sich selbst. Und träumten von einem Ideal reiner Geistigkeit.

Natürlich war der gemeine Mann nicht besser als der Mönch. Auch er war besessen von der Gier, sich den Bauch vollzuschlagen. Aber der gemeine Mann konnte sich das nicht leisten. Leisten konnten es sich nur Adel und Klerus. Und doch war ein Unterschied zwischen Adel und Geistlichkeit. So ein dicker Ritter, der fraß einfach fröhlich drauflos. Mit den Mönchen war es ein bißchen anders. Die Geschichte des mittelalterlichen Mönchtums ist durch die Jahrhunderte eine Geschichte des schlechten Gewissens. Sie ist eine Geschichte von oft heroischen, oft verzweifelten Versuchen der Rückkehr zu einem Leben der Selbstbeherrschung und Entsagung. Warum ist soviel guter Wille so oft gescheitert?

Das Ideal der Genügsamkeit stammte im wesentlichen von den Wüstenvätern, den ersten Einsiedlern und Mönchen im frühchristlichen Ägypten. Anders als heute war Ägypten damals ein reiches Land. Und es hatte ein paradiesisches Klima. Es mochte schon seinen Sinn haben, wenn der heilige Antonius oder der heilige Pachomius Abschied nahm vom schönen Leben im alten Ägypten, um ein bißchen Buße zu tun und zu fasten.

Im europäischen Mittelalter aber, in einer Zeit der drohenden Hungersnöte und der bitteren Kälte, war dieses Ideal unmenschlich und unchristlich. Schon der heilige Benedikt, ein Italiener der späten Antike, hatte vor allem übertriebenen Heldentum in diesen Dingen gewarnt. Hätte Benedikt im Mittelalter nördlich der Alpen gelebt, er hätte seinen Mönchen wahrscheinlich die Heldentaten des Fastens gänzlich verboten und dafür gesorgt, daß sie alle eine zwar bescheidene, aber ausreichende und kräftige Nahrung bekämen.

Aber Benedikt mit seiner christlichen und menschlichen Vernunft war längst tot. Den Ton gab jetzt ein so krankhaft verstiegener Idealist wie der heilige Bernhard von Clairvaux an, von dem es noch heute im mitternächtlichen Offizium der Mönche heißt: »Quoties sumendus ei cibus erat, toties tormentum se subire putabat – jedesmal, wenn er doch etwas essen mußte, war es ihm, als würde er gefoltert.« So kam es zu dem klassischen psychologischen Teufelskreis aller Suchtkrankheiten. Da knieten die Mönche in der Kirche und sangen voll tiefer, echter Frömmigkeit von Selbstbeherrschung und Entsagung. Ein paar Stunden später saßen sie zusammen in der Küche und sangen: »O beata viscera, nulla sit vobis mora – mögest du niemals darben, seliger Bauch!«

Auf diese Weise hin- und hergerissen zwischen einem unmenschlichen Ideal und einer unmenschlichen Wirklichkeit, wurden die Mönche des Mittelalters zum Gespött für die Welt. Sie wurden zum Exempel für das, was Blaise Pascal gemeint hat mit dem wahrhaft menschlichen, wahrhaft christlichen Satz: »Qui veut faire l'ange fait la bête – Wer den Engel spielen will, der sinkt herab zum Tier.«

12. Stück
KEIN FESTE BURG IST UNSER GOTT
Worin wir einen Reformator kennenlernen,
der keine theologischen Sorgen hatte.

An einem kalten Dezembertag des Jahres 1518 trat vor die 24 Chorherren des Grossmünsterstifts zu Zürich der Kandidat Ulrich Zwingli, um sich für das Amt des »Leutpriesters«, das heißt des Gemeindepfarrers und Predigers am Grossmünster zu bewerben. Das Grossmünster war zwar keine Bischofskirche, keine Kathedrale, aber es war doch die wichtigste Kirche in Zürich und somit so etwas wie die Hauptkirche der Alten Eidgenossenschaft. Verständlich, daß die Zürcher Chorherren den Kandidaten Zwingli auf Herz und Nieren prüften.

Seine humanistische Bildung erntete allgemeines Lob, auch seine vaterländische Gesinnung, seine tapfere Teilnahme an den italienischen Kriegen. Schon schien die Wahl gesichert, da bat, im letzten Augenblick, ein Chorherr nochmals ums Wort. Es seien sich wohl alle einig, daß als Prediger am Grossmünster nur ein sittenreiner Priester in Frage komme. Ihm sei aber zu Ohren gekommen, daß der Kandidat Zwingli als Prediger in Einsiedeln eine Jungfrau verführt habe, und zwar die Tochter eines angesehenen Bürgers.

Eine Weile herrschte betretene Stille. Dann erhob sich Chorherr Utinger mit der Frage, was für eine Frau es denn gewesen sei, ob wirklich eine Jungfrau. Ulrich Zwingli schüttelte den Kopf. Ob denn wirklich die Tochter eines angesehenen Bürgers? Wieder schüttelte Zwingli den Kopf. Ja was für eine Frau es denn gewesen sei. »Es war«, sprach Ulrich Zwingli, »die Tochter eines Friseurs.«

Ein ungeheurer Seufzer der Erleichterung ging durch das Chorherrenstift von Zürich. Ja wenn das so war. Wenn das nur die Tochter eines Friseurs war. Und mit überwältigender Mehrheit wählten die Chorherren von Zürich Ulrich Zwingli zum Leutpriester am Grossmünster.

Über die Tochter eines Friseurs abschätzig zu urteilen, mag unchristlich sein; mindestens so unchristlich wäre es auch, über einen Geistlichen abschätzig zu urteilen, weil er, wie Ulrich Zwingli den Chorherren freimütig gestand, mit dem Zölibat nicht zurechtkam. In ihm hatte das Grossmünsterstift einen ausgezeichneten Priester gewählt, einen »Leutpriester« in des Wortes bester Bedeutung.

Wie Martin Luther war Ulrich Zwingli ein Bauernsohn. Aber nicht aus dem gleichen Bauerntum. Zum Untertan war Martin Luther von seinem Vater erzogen worden, Ulrich Zwingli zum aufrechten Gang: Sein Vater, ja schon sein Großvater waren Ammänner, das heißt, sie führten das Siegel einer Gemeinde von freien, selbständigen Bauern im Toggenburg. Und während Martin Luther sich später hinter Klostermauern quälte, genoß Zwingli an den aufgeklärtesten Universitäten jener Zeit, in Wien und Basel, das Leben bei Saitenspiel und Becherklang.

Ein bißchen hat er auch Philosophie studiert. Dann, als er 22 war, kaufte ihm sein Vater die große und einträgliche Pfründe eines Leutpriesters von Glarus. Erst nach dem Kauf dieser Pfründe ließ er sich in Konstanz noch, raschrasch, zum Priester weihen.

Ein doppelter Unterschied also im Vergleich zu Luther: Ulrich Zwingli war nicht nur keine Mönchsnatur, er hat auch, obwohl Priester, niemals Theologie studiert. Theologische Sorgen wie Martin Luther wird er sein ganzes Leben lang nicht haben. Wie konnte ein solcher Mann zum Reformator werden?

Einem alten schweizerischen Kommunisten habe ich einmal die Frage gestellt, wie das marxistische Dogma in seinen Kopf gekommen sei. Spöttisch sah er mich an: »In meiner Jugend hatte der Kommunismus nichts mit Dogmen im Kopf zu tun. So augenfällig war das Elend der Arbeiter. Es genügte, Augen im Kopf zu haben und ein Herz im Leib.«

Augen im Kopf und ein Herz im Leib: Als Leutpriester von Glarus hatte Ulrich Zwingli die Jugend seiner Gemeinde in jene italienischen Kriege zu begleiten, in die sich die jungen Schweizer mit der Regelmäßigkeit eines Kehrreims stürzten, sobald es am Gotthard taute:

»Es will ein lustiger Sommer werden –«

»S'wott öppe en luschtige Summer gäh,
Die Buebe salbe d'Schueh,
Mit Trummle und mit Pfyffe
Wänd sie nach Mailand zue.«

Mit Trommeln und mit Pfeifen zog Ulrich Zwingli mit in den glänzenden Sieg von Novara und in die schauderhafte Niederlage von Marignano. Mit eigenen Augen sah er, wie aus den lustigen Buben, die aus Glarus aufgebrochen waren, Banditen wurden, die mordend, sengend, plündernd durch die italienischen Dörfer zogen, wie die meisten dann auf den Feldern vor Marignano verbluteten, und wie die wenigen Überlebenden nichts anderes über den Gotthard heimbrachten als die Syphilis.

Aus Erschütterung über das erlebte Elend des Krieges geriet Ulrich Zwingli, nach der Heimkehr aus Marignano, in den »Erasmischen Kreis«. Das war die Friedensbewegung des 16. Jahrhunderts. Erasmus, ein in Basel lebender Niederländer, hatte in seinem Buch »Klage Christi über den Menschen« die These aufgestellt, Christentum sei, ganz schlicht, das Gegenteil von Krieg. Und das Evangelium sei, ebenso schlicht, eine Anleitung zum sozialen und politischen Frieden.

Diese These aus Basel versetzte die kritischen Geister der Eidgenossenschaft in gärende Unruhe. Der alte schweizerische Staat war ja ein einziges Kriegsunternehmen. Wie von einer Industrie lebte die Schweiz vom Krieg – viel mehr als heute von ihren Banken. Die jungen Leute verkauften sich als »Reisläufer«, als Söldnerhaufen, entweder an den König von Frankreich oder an den Papst, wenn sie nicht auf eigene Rechnung plündernd durch die Lombardei, durch Oberschwaben oder durchs Elsaß zogen. Noch der letzte Zittergreis »uf em Bänkli vor em Huisli« lebte vom Krieg, weil Papst, König und Kaiser, um sich die begehrten schweizerischen Jünglinge zu sichern, an die alten Schweizer regelmäßige Bestechungsgelder zahlten, sogenannte Pensionen.

So war jeder schweizerische Stand (so hießen damals die Kantone) in drei Parteien aufgeteilt: Die französische Partei lebte vom französischen Krieg, die kaiserliche Partei lebte vom kaiserlichen Krieg, und die päpstliche Partei lebte vom päpstlichen Krieg. Frieden schaffen ohne Waffen, das hieß die ganze Alte Eidgenossenschaft auf den Kopf stellen.

Dafür aber war Erasmus nicht der richtige Mann. Der Basler war ein weinerlicher Mensch. Alle vier Wochen hatte er einen großen Schnupfen. Während Erasmus in Basel nur Bücher schrieb, schritt Ulrich Zwingli in Zürich zur Tat.

Gleich eine doppelte Revolution hatte er im Sinn, als er die Stelle am Grossmünster antrat: Abschaffung des Söldnertums und Abschaffung der Pensionen. Daß er, ganz nebenbei, auch den katholischen Hokuspokus abschaffen wollte, lag nicht daran, daß ihm, wie Luther, neue Erleuchtungen in puncto Gnade zuteil geworden wären. Ihm schien lediglich, daß der klerikale Aberglaube die Leute daran hindere, die Friedensbotschaft des Evangeliums unmittelbar zu vernehmen.

Und wie er anderes im Sinn hatte als Martin Luther, so ging Ulrich Zwingli auch anders vor. Bei Luther fing ja alles an mit einem ungeheuren Paukenschlag, dafür endete aber auch alles in einem ungeheuer faulen Kompromiß mit den Landesfürsten. Bei Ulrich Zwingli kommt der Paukenschlag am Schluß: Er ist der einzige Reformator, der für seine Sache in den Tod gegangen ist. Der Kompromiß dagegen steht am Anfang. Und es war kein fauler Kompromiß, sondern eidgenössische Bauernschläue, mit der sich Zwingli in Zürich durchsetzte – Schritt für Schritt, mit vielen Rückziehern, stets darauf bedacht, mit den Leuten zurechtzukommen.

Um das Kriegswesen abzuschaffen, spielte er erst die päpstliche Partei in Zürich erfolgreich gegen die französische Partei aus, so daß der wichtigste Soldvertrag, der mit dem König von Frankreich, nicht mehr unterzeichnet wurde. Erst nach jahrelanger Predigt, erst nach jahrelanger praktischer Erfahrung, als den Zürchern klargeworden war, welche Vorteile es für den Handel und das Gewerbe der Stadt brachte, wenn die jungen Leute nicht mehr wegliefen in den Krieg, sorgte Ulrich Zwingli dafür, daß auch der Papst keine Krieger aus Zürich mehr bekam. Auch das im taktisch klügsten Augenblick, als nämlich die Zürcher böse waren über den Papst, weil er wieder einmal seine Schulden nicht bezahlt hatte.

Genau soviel Rücksicht auf die zögernde Mentalität des Volkes nahm Zwingli bei den kirchlichen Reformen. Als er die Klöster abschaffte, hob er zuerst das Fraumünsterstift ab. Das war ein Kloster, in dem nur eine einzige Nonne saß, die überdies selber rauswollte. Beim schlechtesten Willen konnte niemand etwas dagegen haben. Ähnlich setzte er dem Reliquienkult ein Ende. Streng verbot er jede Schändung der heiligen Gebeine und ordnete statt dessen an, daß die Heiligen, wie alle Christen, endlich anständig begraben werden müßten. Und so wurden die Reliquien überall im Staate Zürich feierlich und schön beerdigt. Mit Requiem aeternam dona eis Domine et lux perpetua luceat eis.

Auf diese Weise gelang es Ulrich Zwingli, seine doppelte Revolution über Zürich hinaus in fast allen eidgenössischen Städten durchzusetzen: in Basel, Bern, Schaffhausen und Sankt Gallen. Er scheiterte aber damit in den Waldstätten, den innerschweizerischen Gebirgsstaaten. Und das aus einem elementaren Grund: In den Städten war ein unternehmerisches Bürgertum vorhanden, dem die evangelische Friedenspolitik paßte, weil sie Handel und Gewerbe förderte. Die Innerschweiz dagegen hatte kaum Handel oder Gewerbe. Ohne die Kriegsindustrie konnte sie nicht leben. Sie wollte katholisch bleiben, weil sie sich den Protestantismus nicht leisten konnte.

Ulrich Zwingli, sonst so einsichtig, hat das nicht verstanden. Es tut weh, nachzulesen, wie er über diesem Gegensatz zum Kriegspolitiker wurde, wie er auf seiner Kanzel in Zürich die schweizerischen Protestanten in den Bürgerkrieg hetzte, um den katholischen Waldstätten die evangelische Friedensordnung mit dem Schwert aufzuzwingen.

Der Gott der Heerscharen war mit den Katholiken. Zwingli selber, der, seiner Gesinnung entsprechend, als gemeiner Soldat in den Krieg gezogen war, fiel 1531 in der Schlacht bei Kappel schwerverwundet in katholische Hand. Ob er jetzt nicht doch beichten wolle, wurde der Reformator höhnisch gefragt. Dann wurde er enthauptet, gevierteilt und verbrannt. Und damit die Protestanten auch die Reste des Reformators nicht verehren konnten, vermengten die Katholiken die Asche Zwinglis mit der Asche einer Sau.

Doch es liegt nicht an der Leichenschändung von Kappel, daß Zwinglis Botschaft durch die Jahrhunderte viel weniger beachtet worden ist als die Botschaft Martin Luthers. Das hat einen ganz anderen Grund. Ich habe mich oft gefragt, was eigentlich schlimmer gewesen sein muß in der Reformationszeit, die Katholische Kirche gegen sich zu haben oder Martin Luther. Die Katholische Kirche mit ihren Scheiterhaufen oder Martin Luther mit seinem großen Maul. Das Schlimmste war wohl, beide gegen sich zu haben. Ulrich Zwingli hat beide gegen sich gehabt.

Luther und Zwingli, das waren zwei Männer von so gegensätzlichem Charakter, daß sie gar nicht miteinander zurechtkommen konnten, als sie sich 1529 in Marburg trafen, um ihren Streit über das Abendmahl beizulegen. Seither, das heißt seit einem halben Jahrtausend, sorgt die ungeheure publizistische Lobby des deutschen Luthertums unentwegt dafür, daß Ulrich Zwingli, weit abseits von Martin Luther, gleichsam in einem blinden Fleck der Reformationsgeschichte, unbemerkt bleibt. Gemäß der ersten und wichtigsten These aus Wittenberg: »Ich bin der Herr, dein Reformator Martin Luther. Du sollst keine anderen Reformatoren neben mir haben.«

HULDIGUNG AN LAURENTIUS VON SCHNÜFFIS

*Worin wir lernen, daß die deutsche Liturgie
schön sein könnte.*

Oft schon habe ich mich bemüht, die neue, die reformierte Messe in deutscher Sprache schön zu finden. Es gelingt mir nicht. Schon vor der Predigt tun mir Augen und Ohren jedesmal so weh, daß ich vor Verzweiflung aus der Kirche laufe.

An der Sprache kann es nicht liegen. Nichts ist so schön wie die deutschen Choräle der Evangelischen Kirche. Also muß es an der Zeit liegen. Die evangelischen Choräle stammen aus dem Barock. Das war eine Zeit der starken religiösen Gefühle. Die neueste katholische Liturgie dagegen wurde erst in einer Zeit gemacht, in der das religiöse Gefühl fast abgestorben war. Sie ist so gefühllos und häßlich wie ein deutsches Büro um 1960.

So ist das mit der Katholischen Kirche: Stets tut sie das Richtige; doch sie tut es ein paar Jahrhunderte zu spät. Dafür gibt es einen großen katholischen Zeugen. Das ist der gottselige Vater Laurentius von Schnüffis (1633–1702). Seinem barocken Talent verdanken wir das einzige katholische Kirchenlied, das sich mit den evangelischen Chorälen an Schönheit messen kann:

> *»Wunderschön prächtige,*
> *Hohe und mächtige,*
> *Liebreich holdselige,*
> *Himmlische Frau!«*

Schnüffis ist ein kleines Bergdorf im Montafon, einem österreichischen Tal an der Grenze zum schweizerischen Kanton Graubünden. Wie heute noch in Graubünden, so hat man früher im Montafon rhätoromanisch gesprochen. Daher die Namen der Dörfer: »Tschagguns« heißen sie, »Gaschurn«, oder eben »Schnüffis«.

Während der Dreißigjährige Krieg Deutschland verwüstet, sitzt klein Hänschen – Laurentius wird sein Klostername sein – auf der idyllischen Alpweide zu Schnüffis und hütet die Herde seines Vaters. Ich habe es selber in den Bergen Serbiens noch erlebt, wie ein Hirtenjunge den anbrechenden Tag mit der Flöte begrüßte. Der Eindruck ist unvergeßlich. So auch hat Laurentius von Schnüffis als Hirtenknabe im Flötenspiel die Poesie entdeckt. Es ist nicht nur die modische Vorliebe der Barockzeit für Schäferliebe, es ist die eigene Kindheit, die ihm später im Sinn liegen wird, wenn er die Muttergottes preist:

> *»Lobt nicht des Hirten Flöth*
> *Die schöne Morgenröth*
> *Nach lang erlittner Nacht?*
> *Wie soll nicht loben jedermann*
> *Marien dann*
> *Die uns den Tag des Heyls gebracht?«*

Aber das ist ein ganz spätes Gedicht. Vorerst hatte der Hirtenknabe von Schnüffis anderes im Sinn als die Frömmigkeit. So sehr gefiel sein Flötenspiel den Mädchen von Schnüffis, daß ihn die Lust überkam, zu Tale zu steigen und als fahrender Sänger durch Deutschland zu ziehen.

Er zieht von einer Schönen zur andern. Die »Wollust-Jahre« nennt er später in seinem autobiographischen Roman »Philoteus« schamvoll diese wilden Jugendjahre, in denen er mit einer englischen Komödiantentruppe den Rhein hinabzog. In Straßburg wäre er fast geblieben, so zärtlich, schreibt er, seien die Mädchen dort, so gefährlich »wie die blauen Jungfrauen der Nordischen See«.

Was wäre aus dem katholischen Kirchenlied geworden, hätten ihn nicht seine englischen Kumpane den süßen Umarmungen der elsässischen Mädchen gewaltsam entrissen und ihn mitgeschleppt nach Köln.

Im heiligen Köln, so bekennt Laurentius von Schnüffis, habe er zum ersten Mal ein Vöglein singen hören, dessen Stimme unvergleichbar lieblicher sei als das betörendste Mädchengezwitscher:

> *» Trutznachtigall man's nennet,*
> *Ist wund von süssem Pfeil.*
> *Die Lieb es lieblich brennet,*
> *Wird nie der Wunden heil.«*

Friedrich Spee! Zu Köln am Rhein hat der große Jesuit mit seinem geistlichen Schäferlied von der Trutznachtigall das Herz des fahrenden Lotterbuben aus Schnüffis getroffen. Die süße Wunde der Frömmigkeit wird sich nie wieder schließen. Erst aber geht es mit der Komödiantentruppe munter weiter: nach Dresden, nach Prag, nach Wien. 1659 finden wir den Hirtenknaben aus Schnüffis plötzlich in Innsbruck. Als Schauspieler am Hoftheater von Erzherzog Ferdinand Karl. Und als Liebhaber in den Armen der schönen Dorilis.

Ach, das war auch so eine von denen. Ihr ist Hänschen von Schnüffis leider nicht nur mit Haut und Haaren verfallen, sondern auch mit dem Portemonnaie. In den Schuldturm zu Innsbruck hat sie ihn gebracht, die schöne Dorilis. Wieder frei, stürzt er sich, vor lauter Verbitterung über ihre Treulosigkeit, in ein Liebesabenteuer nach dem andern. Aus dem unschuldigen Hirtenknaben wird der Casanova des Innsbrucker Hofs.

Wie wir alle aus Erfahrung wissen, hat das Laster einen Nachteil. Es schadet der Gesundheit. Nach drei wildbewegten Höflingsjahren wird Laurentius von Schnüffis krank. Barock krank. Sterbenskrank. O die bitteren Tränen der Reue, die er im Angesicht des Grabes über seine wollüstige Jugend vergießt! »Ach du bey deinem Sohn höchst-vermögende Maria, rette deinen Knecht und lasse ihn nicht ewig zu schanden werden.«

In diesem Augenblick geschieht das Wunder.

Herrlich mit Sternen bekränzt, erscheint über dem Krankenbett die Selige Jungfrau Maria. Mit ihrem weiten blauen Mantel deckt sie Laurentius von Schnüffis samt allen seinen Sünden barmherzig zu, verheißt ihm irdische Genesung und göttlichen Pardon –

»jedoch mit dieser einen gnadenreichen Bedingnuss, dass ich nemlich hinfüro die gottlose Welt verlassen, Gott dienen, und wegen übelgeführten Lebens Buss thun solte; welches ich dann auch hertzlich angelobt, mich demütigst bedanckt und den Saum ihres Rocks geküsst.«

Schnöde Welt ade! Laurentius kehrt dem Innsbrucker Hof und all seinen Röcken den Rücken, zieht sich zu asketischen Übungen in die Einsamkeit zurück und tritt 1665 als bußfertiger Mönch in den Kapuzinerorden ein.

Der Abschied von Frau Welt ist ihm nicht leicht gefallen. Daß zum Beispiel alle sechs Bücher, die Laurentius jetzt zur Erbauung leichtsinniger Jünglinge schreibt, auf der Stelle zu Bestsellern werden, ist nur damit zu erklären, daß keiner je zuvor auf so charmante, auf so liebenswürdige Weise vor Frau Welt gewarnt hat:

> *»Gleich wie ein Crocodill*
> *Sitzt an des Nilus Strande,*
> *Zu töten, wann zu Lande,*
> *Sich jemand waschen will,*
> *So zeigt auch sie dir Lippen,*
> *Das rote Liebesmeer.*
> *Trau nicht, das seynd die Klippen,*
> *Wo man sich scheitert sehr.«*

»Verlasse die verführerische Dorilis und liebe Gott!« Mit diesen Worten hatte die Jungfrau Muttergottes ihn auf seinem Siechenbett zu Innsbruck gesegnet. Aber was ist das überhaupt, Gott? Das ist so etwas schrecklich Männliches. Laurentius von Schnüffis aber hat die Frauen so geliebt, daß sein Herz, um sich zu entflammen, auch im Himmel einer Frau bedarf.

Ave Maria!

37 Jahre lang zieht der gottselige Vater Laurentius von Schnüffis durch Oberdeutschland als leidenschaftlicher Herold der Marienverehrung. Seine Hymnen an die Gottesmutter klingen noch heute so frisch verliebt wie am ersten Tag. Mir persönlich gefällt am besten jenes Gedicht aus der »Mirantischen Mayen-Pfeiff«, in dem er, sich anlehnend an das Hohe Lied König Salomons, die Gottesmutter Maria mit der Morgenröte vergleicht:

> *»O schönes Morgenliecht,*
> *So also toll auffziecht,*
> *Und lieblich uns anlacht!*

Gesegnet sey dein edler Glantz,
Der alles gantz
Erfrischend widrumb frölich macht.

Wann ich, Maria, dich
Betrachte, so muss ich
Vergehn vor Freuden schier.
Dann du hast uns den Tag verkündt
Hell angezündt
An dem glückseelig worden wir.

Die Engel-Schaar sich buckt
Vor dir, und ganz verzuckt
Schreyt: Wer muss dise seyn,
Die bunt bekleidet prächtig sehr,
Mit höchster Ehr,
Geht wie die Morgenröth einher.«

Manche sagen, es gebe keinen schöneren, keinen katholi-
scheren Tod als den des Augustinermönchs Abraham a
Sancta Clara, der 1709 im Kloster zu Wien lachend gestorben ist.

Aber schöner als das Ende Abrahams a Sancta Clara
war das letzte Stündlein des Laurentius von Schnüffis.
Die Chronik des Romuald von Stockach berichtet, daß
der Kapuziner auf seinem Sterbebett in Konstanz dalag,
geschmückt mit dem Lorbeerkranz des Dichters, den
Kaiser Leopold ihm verliehen hatte. Um ihn herum die
Brüder alle, versammelt zum Sterbegebet. Und doch war
kein lautes Klagen und auch kein stilles Trauern. Zum
Klang der Lauten und der Flöten sangen die Kapuziner
von Konstanz ihrem sterbenden Bruder noch einmal die
wunderbaren, die zärtlichen Marienlieder vor, die er

selbst gedichtet und komponiert hatte. Und als sie das Lied »Wunderschön Prächtige« anstimmten, regten sich ein letztes Mal die Lippen des sterbenden Sängers: ». . . liebreich holdselige, himmlische Frau!«.

Singend ist Laurentius von Schnüffis am 7. Januar 1702 zu Konstanz gestorben. Und mag auch manches im Leben des großen Kapuziners uns heute wunderlich und fremd erscheinen, so ist doch seine Botschaft bestimmt für unsere Zeit: Gott ist kein Fürst der Häßlichkeit. Er ist ein Gott der Schönheit, der Zärtlichkeit, der Liebe.

Wie aber werden wir sie wieder los, die saure Häßlichkeit, die heute in katholischen deutschen Gottesdiensten herrscht? Vielleicht sollten wir es machen wie Laurentius von Schnüffis. Vielleicht sollten wir uns, wie er, verlieben. Mit Haut und Haaren uns verlieben in Frau Welt. Und dann, warum nicht, uns verlieben in jene Frau, die noch schöner ist, noch liebenswerter als alle Frauen dieser Welt:

»Wunderschön prächtige,
Hohe und mächtige,
Liebreich holdselige,
Himmlische Frau!

Der ich mich ewiglich
Weihe herzinniglich,
Leib dir und Seele
Zu eigen vertrau!

Gut, Blut und Leben
Will ich dir geben;
Alles, was immer
Ich hab, was ich bin,
Geb ich mit Freuden, Maria, dir hin.«

ALS DIE HEILIGE INQUISITION STREIKTE

Worin wir lernen, wie ein Büro heilig wird.

Was würden Sie sagen, wenn heute im Radio folgende Nachricht käme: »Köln. Das Bundesamt für Verfassungsschutz ist in den Streik getreten. Mit ihrer spontanen Arbeitsniederlegung wollen die Beamten gegen Korruption und Mißwirtschaft protestieren.«

So ist das gewesen im Jahre 1249. Wie ein Lauffeuer ging durch die Christenheit die Kunde: »Die Heilige Inquisition hat die Arbeit niedergelegt.« Und nicht etwa irgendeine Inquisition. Das Zentrum und Haupt der Ketzerverfolgung, die Inquisition gegen die Katharer, die Heilige Inquisition von Toulouse, war in den Streik getreten. Aus Solidarität mit ihren streikenden Kollegen legten kurz danach auch die Inquisitoren in Paris, ja im ganzen heutigen Frankreich, ihre Arbeit nieder. In Toulouse selber hatten die Inquisitoren sogar ihr Gefängnis aufgesperrt. Zahlreiche verhaftete Ketzer ließen sie laufen mit der Begründung, sie seien nicht mehr bereit, auch nur einen einzigen Irrgläubigen zu verfolgen, solange nicht endlich die Voraussetzungen geschaffen würden für eine korruptionsfreie, streng legal arbeitende Inquisition.

Daß nämlich Inquisition sein müsse, das war für das Mittelalter so selbstverständlich, wie es für uns heute selbstverständlich ist, daß wir ein Bundesamt für Verfassungsschutz brauchen. Der katholische Glaube war ja im 13. Jahrhundert nicht einfach irgendeine Konfession, sondern genau das, was heute die freiheitlich-demokratische Grundordnung ist: das grundsätzliche Bekenntnis, das die gesamte Gesellschaft im Kern zusammenhält.

Und wie wir es heute gut finden, den Feinden der Demokratie das Handwerk zu legen mittels Verfassungsschutz, so fand es das 13. Jahrhundert gut, Ketzern das Handwerk zu legen mittels Inquisition. Die Frage war nur, was für eine Inquisition.

Bislang waren es bischöfliche Gerichte gewesen, die die Ketzer verfolgten. Das waren lokale Gerichte, damals ohne jede päpstliche Aufsicht. Bei den Verfahren wegen Ketzerei herrschte ein unbeschreibliches Maß an Schlamperei und Bestechung. Wenn überhaupt, dann wurden die Falschen verbrannt.

In einer päpstlichen Reform der Ketzerverfolgung sah Papst Gregor IX. die Chance, Macht und Ansehen des Heiligen Stuhls zu stärken. Auf Kosten der Ortsbischöfe. Nur ihm, nur dem Papst selber sollte sie verantwortlich sein, die neue, zentrale, streng legale Inquisition.

In Deutschland sollte die Reform beginnen. 1231 ernannte der Papst den Beichtvater der heiligen Elisabeth von Thüringen, den Weltpriester Konrad von Marburg, zum Inquisitor für ganz »Teutonia«.

Es war eine personelle Fehlentscheidung schlimmster Art. Wohl galt Konrad von Marburg als unbestechlich und als unerschrocken gegenüber weltlichen Behörden. Aber schon als Beichtvater der heiligen Elisabeth zeigte er merkwürdige Regungen. »Usque ad camisiam – bis aufs Hemd« ausgezogen, mußte sich die 18jährige Heilige zu seinen Füßen niederwerfen, worauf Konrad sie persönlich auspeitschte oder sie durch seine Knechte

prügeln ließ, während er selber genußreich den Buß-
psalm Miserere sang.

Es lag in der Logik eines solchen Charakters, daß ihm
die neue Würde eines Inquisitors für Teutonien wahn-
sinnig in den Kopf stieg. Statt, wie ihm der Papst aufge-
tragen hatte, eine korruptionsfreie Gerichtsbarkeit gegen
die Ketzer aufzubauen, raste Ketzermeister Konrad in
einem wahren Amoklauf quer durch Deutschland. Von
allen Kanzeln hetzte er das abergläubische Volk mit der
Botschaft auf, der Satan bedrohe die Christenheit in
Gestalt eines riesigen schwarzen Katers, dem die Ketzer
bei ihren nächtlichen Versammlungen den Arsch küßten.
Ein Spießgeselle Konrads, der »Einäugige Hans«, der
von sich behauptete, er könne jeden Ketzer sofort am
Blick erkennen, setzte sich nach solchen Predigten an die
Spitze des entfesselten Volkes. Und so ging es, Ketzer
mordend, Ketzer brennend, quer durchs deutsche Land.
Bis endlich, am 30. Juli 1233, ein paar couragierte Edel-
leute – durchaus fromme katholische Laien – den amok-
laufenden Inquisitor packten und ihn, wohl in der Nähe
von Marburg, totschlugen. Durch ganz Deutschland
ging, wie stets in solchen Fällen, der Aufschrei der Erleichterung: Nie wieder so etwas! Nie wieder Inquisition!

Ein zweites Fiasko dieser Art konnte sich Papst Gregor IX. nicht leisten. Noch im selben Jahr 1233 übertrug
er die neue Inquisition in fast allen christlichen Ländern,
vor allem aber an ihrem wichtigsten Sitz, in Toulouse,
dem Orden der Dominikaner.

Ausgerechnet den Dominikanern – einem Orden, der
zwei Jahrzehnte zuvor gegründet worden war, nicht um
Ketzer zu verbrennen, sondern um, im Gegenteil, die

116

Ursachen der Ketzerei zu bekämpfen, nämlich das grauenhafte Ausmaß an Dummheit und Korruption im katholischen Klerus. Gleich seine ersten Brüder schickte der heilige Dominikus zum Studium an die Universitäten von Paris und Bologna. Das ist etwa so, wie wenn er sie heute nach Berkeley schicken würde und nach Cambridge (Massachusetts). Und da der Orden auch die Armut Jesu radikal praktizierte, da er sich überdies, nach dem Vorbild der italienischen Städte, eine demokratische Verfassung gab, zog er wie ein Magnet die Elite der Christenheit an, die Jungen, die Gebildeten, die Fortschrittlichen. Ausgerechnet den Dominikanern, den liberalen katholischen Intellektuellen jener Zeit, übertrug jetzt Papst Gregor IX. die Inquisition.

Es war die Zwangsvorstellung der Heiligen Inquisition, über alles, was sie tat, Buch zu führen. Diese »Register« sind in Toulouse erhalten. So ist es möglich, sich ein Bild von den Männern zu machen, die im Jahre 1233 bereit waren, ein solches Amt zu übernehmen. Da sind zum Beispiel die Protokolle über den Einkauf von Kleidern. Für ihre Schreiber kauften die neuen Inquisitoren Tuch der besten Qualität, für sich selber nur grobes und billiges Tuch. Ebenso bei den Lebensmitteln: für die Knechte Fleisch und Wein, für die Inquisitoren selber meist nur »potagium«, Suppengemüse. Und obwohl es für die Inquisitoren lebensgefährlich war, zu Fuß durchs Land der Ketzer zu ziehen, wollten sie keine Pferde. Nein, arm und selbstlos wollten die neuen Verfolgungsbeamten sein, arm und selbstlos wie Jesus.

Und demokratisch. An die Spitze jeder örtlichen Inquisition stellten die Dominikaner nicht etwa einen »Großinquisitor« – das ist eine späte Erfindung der Spanischen Inquisition –, sondern zwei gleichrangige »socii«, das heißt auf deutsch »Genossen«, die alle Entscheidungen kollegial fällten. Damit nicht Willkür herrsche, sondern Gerechtigkeit.

Der Historiker Jean-Pierre Dedieu, der die Register der Inquisition *statistisch* ausgewertet hat, kommt zum Schluß, daß die Dominikaner in Toulouse, auch in Toledo übrigens, neun von zehn Verfahren noch während der Untersuchung wieder einstellten, weil ihnen die Beweise unsicher, die Zeugen unzuverlässig schienen. Nicht einmal ein Prozent der Angeklagten in Toulouse, nicht einmal zwei Prozent der Angeklagten später in Toledo endeten auf dem Scheiterhaufen; so gewissenhaft waren diese Inquisitoren bemüht, nur ja keinem Unrecht zu tun. Waren sie allerdings sicher, daß der Angeklagte wirklich ein Ketzer war, und zwar ein unbußfertiger, dann betrachteten sie es als ihre heilige Pflicht, den religiösen Verbrecher verbrennen zu lassen. Denn dann war diese Strafe ja, nach Thomas von Aquin, »gerecht«.

Das also war, nach dem Fiasko in Deutschland, die neue, saubere, wahrhaft heilige Inquisition. Von Anfang an geriet sie in die schlimmsten Schwierigkeiten. Die korrupten örtlichen Behörden, die bisher die Ketzer verfolgt hatten und die sich diese Pfründen nicht wegnehmen lassen wollten, sabotierten die Arbeit der neuen päpstlichen Inquisitoren nach Kräften. Sie weigerten sich zum Beispiel, das beschlagnahmte Vermögen verurteilter Ketzer seinem legalen Zweck zuzuführen, nämlich der Finanzierung der neuen Inquisition. In den Protokollen der Dominikaner von Toulouse wimmelt es von Notizen folgender Art: Schon wieder habe man bereits dingfest gemachte Ketzer laufen lassen müssen, weil das Gefängnis nicht repariert werden könne »propter defectum cimenti«, weil das Geld fehle für Zement.

Das Schlimmste war die Sabotage aus Rom selbst: Päpstliche Beamte, sogenannte Pönitentiare, kamen regelmäßig nach Norden gereist, um bereits überführten und verurteilten Ketzern gegen viel Geld römische Freisprüche zu verkaufen. 1249, nach 16 Jahren redlichem Bemühen, wurde es den Dominikanern von Toulouse zuviel. Sie traten in den Streik. Sofort griff der Streik auf »la France« über, das heutige Nordfrankreich. Was die deutschen Inquisitoren betrifft, so brauchten sie gar nicht in den Streik zu treten. Sie waren regelrecht ausgesperrt. Wohl hatte der Papst aus den Dominikanerklöstern von Straßburg, Salzburg und Köln neue Inquisitoren für Deutschland bestellt. Nach dem Amoklauf Konrads von Marburg schlug ihnen jedoch ein solcher Haß entgegen, nicht nur aus dem Volk, sondern auch aus den staatlichen Behörden, daß sie keinen Finger mehr gegen die Ketzer rühren konnten. Der neue Generalmagister der Dominikaner, Johannes Teutonicus, wie der Name sagt, ein Deutscher, vertrat die Ansicht, der Orden insgesamt solle lieber die Finger lassen von diesem undankbarsten aller kirchlichen Geschäfte.

Sechs Jahre dauerte der Streik der dominikanischen Inquisitoren. Mehr als einmal schien es, als löse sich die ganze Verfolgungsbehörde endgültig auf. Dann, im Frühjahr 1255, geschah das Unvorstellbare: Der Papst gab nach. In einer Reihe von Erlassen gestand er der Inquisition jene weitgehenden Sonderrechte zu, die die streikenden Dominikaner verlangten, um endlich gewissenhaft, sauber und gerecht arbeiten zu können. So sauber und gerecht, daß die Inquisition schon bald danach in allen lateinischen Ländern den Beinamen »Sanctum Officium« bekam, »le Saint-Office«: das »Heilige Büro«.

Konrad von Marburg bekam derweil von der Nachwelt den Beinamen »der deutsche Ketzermeister«. Als solcher steht er noch heute im Bilderbuch der Vorurteile. Kaum ein Deutscher, der sich nicht den »typischen Inquisitor« so vorstellt wie ihn; als einen bösen, alten, perversen Wüterich.

Schön wär's. Aber wahr ist leider das Gegenteil. Am Amoklauf des »deutschen Ketzermeisters« wäre die Inquisition fast zugrunde gegangen. Gerettet wurde sie durch eine neue, junge Generation von hochgebildeten, fortschrittlichen und demokratischen Verfolgungsbeamten. Erst mit jenen Dominikanern von Toulouse und Paris, die bereit waren, für eine saubere Ketzerverfolgung sogar gegen den Papst zu streiken, erst mit ihnen senkt sich über das später Mittelalter die neue, schon höchst moderne Schreckensherrschaft des »Heiligen Büros«.

15. Stück
DIE VERHINDERTE
HEILIGSPRECHUNG
VON CHARLES DE FOUCAULD
Worin wir dem meistgeliebten Frauenhelden von
Paris huldigen.

In einem der elegantesten Salons der »Belle Epoque«, der
»Schönen Zeit« von Paris, versammelt sich 1882 ein edler
und reicher Krisenstab. Es handelt sich um den Familienrat der Grafen von Foucauld. Den Vorsitz führt die berühmte Tante Inès – berühmt, weil von dem großen
Künstler Ingres oft gemalt. Einziger Punkt der Tages-
ordnung: der skandalöse Lebenswandel des Neffen
Charles. Geboren am 15. September 1858, ist er in diesem kritischen Augenblick 24 Jahre alt.

»Monsieur de Foucauld kennt weder Pflicht noch Gehorsam, hat einen leeren Kopf und denkt an nichts als
ans Vergnügen.« Das ist das amtliche Urteil der französischen Armee über den künftigen Mönch und Wüstenhei-
ligen. Einer seiner Freunde an der Offiziers-Schule von
Saint-Cyr beschreibt ihn so: »Wer Foucauld nicht gesehen hat, wie er auf seiner Stube liegt, lässig ausgestreckt
auf seinem Kanapee im weißen tressenverzierten Flanell-
Pyjama, wie er eine raffinierte Gänseleber-Pastete mit
Trüffeln verzehrt und einen erlesenen Champagner
dazu, der hat keine Ahnung, was das ist: ein Lebemann.«

Als junger Kavallerie-Offizier in Saumur an der Loire
mietet er in einem Haus der Sünde einen ganzen Flur von
Chambres séparées. Fuderweise läßt er für sich und seine

Freunde die leichten Mädchen aus Paris ankarren – zu unerhörten, unbeschreiblichen Orgien der Fleischeslust.

Seine Mittel erlauben ihm das. Mit 18 hat er eine Erbschaft von umgerechnet etwa 9 Millionen Mark angetreten. Jetzt ist er, wie gesagt, 24. Wo ist all das Geld in sechs Jahren hin?

Einen beträchtlichen Teil hat wohl Mimi kassiert, eine der legendären Pariser Kokotten jener Zeit. Als sein Regiment nach Algerien verlegt wird, nimmt er Mimi mit und treibt es mit ihr so schamlos, daß ihn die französische Armee 1881 zum Teufel jagt – »wegen Ungehorsams, verschlimmert durch anstößiges Benehmen in der Öffentlichkeit«.

Karriere gescheitert, Vermögen verjubelt: Angesichts dieser Bilanz faßt der gräfliche Familienrat in Paris unter dem Vorsitz von Tante Inès einen doppelten Beschluß. Erstens: Der Verschwender Charles wird entmündigt. Dank der guten Beziehungen zwischen dem Salon von Tante Inès und der Pariser Justiz ist das im Handumdrehen geschafft. Zweitens: Der Weiberheld Charles wird entmännlicht. Mittels Religion. Zusammen mit der energischen Tante Inès übernimmt es die einfühlsame Cousine Marie, Charles mit Herz-Jesu-Literatur zu versorgen.

Natürlich soll der Neffe Charles nicht ernsthaft fromm werden. Halt so ein bißchen fromm, mittels Religion gezähmt zum sittsamen Gatten, biederen Familienvater und getreuen Verwalter der gräflich Foucauldschen Güter.

Charles reagiert mit Verachtung. Weder die Entmündigung noch die Bekehrungsversuche nimmt er auch nur zur Kenntnis. Er schifft sich ein nach Marokko.

Marokko! Für Christen damals noch – von wenigen

Häfen abgesehen – ein bei Todesstrafe verbotenes Land. Für Juden nicht. 1883 überquert ein stilechter russischer Rabbi namens Joseph Aleman die Grenze vom französisch besetzten Algerien ins verbotene Marokko. Der Zöllner spuckt nur in den Sand: »Möge Gott in Ewigkeit deinen Vater in der Hölle brennen lassen, Jude!«

Dreimal fällt der russische Rabbiner in Marokko unter die Räuber. Dreimal retten Mohammedaner dem Juden das Leben. »Forschungsreise durch Marokko« heißt das Buch, in dem Charles de Foucauld alias Rabbi Joseph Aleman seine abenteuerliche Reise beschreibt. Weit über Frankreichs Grenzen hinaus macht es ihn auf einen Schlag berühmt. Jahrzehnte vor Lawrence of Arabia hat die Belle Epoque ihren Wüstenhelden.

Da ein entmündigter Wüstenheld eher für die Familie eine Blamage darstellt als für sich selbst, sorgt der Freundeskreis von Tante Inès in der Pariser Justiz dafür, daß Charles wieder mündig wird. Auch der Versuch der Entmännlichung durch Religion scheint gescheitert. Wenn Charles de Foucauld, hager und athletisch geworden, im weißen Burnus die Boulevards auf und ab spaziert, dann drehen alle Frauen von Paris sich nach ihm um. »Ich fürchte«, seufzt Tante Inès, »ich fürchte, wir müssen den Abbé Huvelin einschalten.«

Der Priester, der Charles de Foucauld bekehren wird, ist eine der fabelhaftesten Figuren der Belle Epoque. Vom Rheumatismus bis fast auf den Boden gekrümmt, sitzt der Abbé Huvelin in den raffiniertesten Pariser Salons herum. Von ihm stammt der Satz: »Man sollte niemals auch nur einen Blick in die katholische Presse werfen.«

Zwischen dem krummen Kaplan und dem strahlenden Afrikahelden ist es eine Freundschaft auf den ersten Blick. Im Beichtstuhl von Abbé Huvelin legt Charles de Foucauld alsbald ein – zweifellos sehr inhaltsreiches – Sündenbekenntnis ab. Tante und Cousine frohlocken.

Und dann die Hiobsbotschaft: Charles de Foucauld ist nicht, wie geplant, ein bißchen fromm geworden, gezähmt zum Ehemann. Genauso wie er sich zuvor ins Abenteuer der Sexualität gestürzt hat und dann ins marokkanische Abenteuer, mit der gleichen maßlosen Entdeckerlust stürzt er sich jetzt ins Abenteuer der Religion: Charles de Foucauld wird Mönch.

1890, mit 32 Jahren, tritt er in den Trappisten-Orden ein. Das ist der weitaus strengste katholische Orden. Aus Neigung zur arabischen Welt wählt er die Abtei Akbès in Syrien. Gleich bekommt er einen neuen Namen: »Unser Bruder Maria-Alberich«, schreibt der Vater Abt an die Familie, »wandelt unter uns wie ein Engel.«

Daheim in Paris schüttelt Tante Inès nur den Kopf. Tante Inès ahnt, wir ahnen alle: Gleich wird es Ärger geben mit Bruder Maria-Alberich. Es ist freilich nicht der Ärger, auf den Tante Inès spekuliert. »Das Leben im Zölibat«, urteilt dieser erfahrenste aller Männer, »ist äußerst angenehm.« Etwas anderes stört ihn. Als Mönch, berichtet er nach Hause, führe er zwar ein Leben der Armut und Entsagung; »aber als Jude in Marokko war ich ärmer dran«.

Sieben Jahre hat sich Charles de Foucauld als »Bruder Maria-Alberich« gequält. Als er den Trappistenorden wieder verläßt, ist er schon fast vierzig. Ein gescheiterter Offizier war er schon. Jetzt ist er auch noch ein gescheiterter Mönch.

Aber das kümmert ihn nicht. Sein Selbstbewußtsein

ist grandios. Seine Abenteuerlust ist maßlos. In seinem Herzen ist die Liebe zu Gott gewachsen zur großen Leidenschaft der Heiligen. »Jetzt«, schreibt er, »auf ins Unbekannte.«

Durch das unbekannte, unerforschte Herz der Wüste Sahara, durch das sagenumwobene Hoggar-Gebirge, zieht eine phantastische Karawane. Vorneweg, mit Dolchen behangen und mit Edelsteinen, das Gesicht tief verschleiert, reitet Mussa Ag Amastan, der mächtige Häuptling der Tuareg-Nomaden. Hinter ihm, wieselflink zu Fuß im Sand, ein braungebranntes, sehniges, schon etwas verhutzeltes Männlein, am Gürtel einen Rosenkranz so dick wie ein Seil: Charles de Foucauld ist aufgebrochen zu seinem größten Abenteuer. »Ich will«, schreibt er, »wieder erleben, was ich in Marokko erlebt habe, aber diesmal aus Liebe zu Gott.«

Mitten im unerforschten Hoggar-Gebirge, 700 Kilometer vom nächsten französischen Posten entfernt, läßt Charles de Foucauld sich nieder: als »Marabut«, als weiser und heiliger Einsiedler. Und als Ratgeber für den Tuareg-Chef Mussa Ag Amastan. Auf 2700 Meter Höhe, auf dem Plateau des Assekrème, baut er sich seine Einsiedelei. »Das Panorama vor meiner Hütte«, schreibt er, »ist unsäglich, es ist unvorstellbar schön. Ich kann nicht hinsehen auf dieses Meer von Gipfeln und wildzerklüfteten Felsen, ohne Gott anzubeten.«

Die Landschaft und die Menschen: Unter den Nomaden der Sahara fühlt sich der ruhelose Abenteurer aus Europa zum ersten Mal daheim. Ein französischer Offizier, der den Einsiedler besucht hat, schildert die Szene so: »Nichts ist komischer, als Charles de Foucauld thronen zu sehen inmitten eines götterähnlichen Halbkreises von würdigen alten Tuareg-Damen. Während diese ihren Tee schlürfen, Pfeife rauchen und schwatzen, schreibt er unaufhörlich mit.«

Zweitausend Seiten umfaßt das »Lexikon der Tuareg-Sprache«, das Foucauld ganz allein in seiner winzigen Lehmhütte verfaßt, achthundert Seiten seine fabelhafte »Sammlung von Tuareg-Gedichten«. Das sind alles Gedichte, die entweder die Schönheit der Frauen preisen oder die Schönheit von Kamelen.

Am meisten Kummer machen ihm die Kamele. Als Marabut, als weiser Einsiedler, hat Charles die Streitereien um Kamele zu schlichten. Um Kamele zu streiten ist aber die wichtigste Beschäftigung der Tuareg. Der Marabut, der morgens um halb vier anfängt mit seinen Gebeten, der nur von Hirsefladen und von Datteln lebt, sinkt abends um halb neun erschöpft zu Boden. Ein Bett hat er nicht.

Sein Freund, der Häuptling Mussa Ag Amastan, wird nach Frankreich eingeladen. Er besucht auch die Foucauldschen Familienschlösser. Erschüttert kommt er zurück: »Ich habe diese Häuser gesehen und diese Gärten. Und du? Du lebst unter uns wie der letzte der Armen. Warum tust du das?«

Am 1. Dezember 1916, abends um sieben Uhr, betet Charles in seiner Lehmhütte den Rosenkranz. Da kommt von draußen eine Stimme: »Ich bin's, El Madani, ich bringe Post.« El Madani ist ein freigelassener Negersklave, den Charles gesundgepflegt hat. Ahnungslos streckt er die Hand aus der Tür. Er wird gepackt, herausgeschleudert und zu Boden geworfen. Wo er sein Gold versteckt habe, wollen die Räuber wissen. »Baghi n'mout«, antwortet Charles in der Sprache der Tuareg,

»dies ist meine Todesstunde.« Eine Kugel durchschlägt den Schädel des Marabut. Lautlos bricht er zusammen.

Charles de Foucauld ist einer der wenigen ganz großen religiösen Charaktere unseres Jahrhunderts. In seiner Mentalität, als Einzelgänger und Außenseiter, ist er von fast protestantischer Eigenwilligkeit. Als Abenteurer und Aussteiger ist er ein genialer Vorläufer der Jugendbewegungen dieses Jahrhunderts. In seiner religiösen Leidenschaft ist er der klassische Typ des katholischen Heiligen.

Und da beklagt sich Papst Johannes Paul II., daß die moderne Christenheit zu wenig Heilige hervorbringe. Nanu. Der größte Heilige unseres Jahrhunderts ist Charles de Foucauld. Auch die vatikanischen Prozeduren, die zu seiner Heiligsprechung führen sollen, sind längst eingeleitet. Doch sie kommen nicht vom Fleck. Woran das liegen mag?

Die Jahre, in denen Charles de Foucauld noch kein Wüstenheiliger war, sondern der meistgeliebte Frauenheld von Paris, das waren auch die ersten großen Jahre der Photographie. Der heilige Charles zärtlich umringt von den schönsten Frauen der »Belle Epoque«, der heilige Charles an Mimis betörender Seite – vor solchen photographischen Sensationen aus Paris, wie sie zur Heiligsprechung allzu leicht auftauchen könnten, hat, so müssen wir leider hören, der advocatus diaboli unseren Heiligen Vater in Rom eindringlich gewarnt.

16. Stück
WIE DER HEILIGE ALOIS
EIN NEUER MANN WURDE
Worin wir lernen, alte Männer ins Grab
zu bringen.

Der heilige Alois, so glauben manche, sei deshalb der Patron männlicher Keuschheit, weil er schon im zarten Alter von drei Jahren das Gelübde abgelegt habe, nie im Leben eine andere Frau anzuschauen als seine eigene Mutter.

Dies ist ein Irrtum. Der heilige Alois, so steht es in den »Acta Sanctorum«, war vielmehr so keusch, daß er, schon als Säugling, nicht einmal seine eigene Mutter eines Blickes würdigte. Sein Beichtvater, Pater Hieronymus Piatti, bezeugt darüber hinaus, daß er »a muliebribus colloquiis et aspectu semper abhorruisse, ita ut ipsius matris suae solitarium congressum refugeret«. Das heißt auf deutsch: »Vor dem Umgang mit Frauen und vor dem Anblick von Frauen hatte klein Alois eine solche Abscheu, daß er es nicht einmal ertrug, mit der eigenen Mutter im selben Zimmer allein zu sein.« Geschah es trotzdem, daß andere ihn in den Armen seiner Mutter allein lassen wollten, dann, so berichtet Pater Hieronymus, lief der heilige Säugling Alois »pro verecundia – vor lauter Scham« krebsrot an und rief mit gellenden Schreien um Hilfe.

Der »iuvenis angelicus«, der »engelreine Knabe« Alois von Gonzaga, ist am 9. März 1568 geboren. Auf Schloß Castiglione in der Lombardei kam er zur Welt als erster Sohn und somit als Erbprinz des Markgrafen Fer-

128

dinand von Gonzaga, eines Reichsfürsten und engen Vertrauten König Philipps II. von Spanien.

Das war ein rauher Mann, ein Kriegsherr von Natur, dem Würfelspiele zugetan und leider auch dem Trunke. Und kein Rock am Hof zu Castiglione, der sicher war vor seinem lüsternen Blick. Wie alle Männer seines Schlags wollte Markgraf Ferdinand natürlich, daß sein Stammhalter ihm nachschlage. Daß er ein richtiges Mannsbild werde. So ein richtiger Macho und Phallokrat wie er.

Als dann aber klein Alois jedesmal, wenn ihn die Amme zur Brust nahm, die frommen Äuglein schamvoll schloß, als die ersten Worte aus seinem engelreinen Mündchen nicht »Mamma!« und »Papa!« waren, sondern »Maria!« und »Jesus!«, als schon der Dreijährige sich scheu hinter den schweren Vorhängen des Palastes versteckte, um dort ungestört den Rosenkranz zu beten, als der Siebenjährige gar anfing, täglich alle sieben Bußpsalmen zu beten und sich dazu mit einer selbstgebastelten Geißel zu kasteien, da kam seinem Vater Ferdinand, dem alten Sünder, die beängstigende Erkenntnis, daß sich sein Erbprinz nicht zu seinem Ebenbild entwickle, sondern, wie soll ich sagen, zum »ersten neuen Mann«.

In einem fürchterlichen Wutausbruch warf Ferdinand seiner Frau, der Markgräfin Martha, vor, sie, mit ihrer krankhaften Frömmelei, habe den armen unschuldigen Alois auf die Abwege der Keuschheit gebracht. Der Knabe brauche, um ein rechter Mann zu werden, dringend Milieuveränderung. Und er nahm ihn ins Feldlager mit.

Drei Jahre lang hat der kleine Alois unter dem rauhen Kriegsvolk gelebt. Einmal hat er sogar aus Versehen eine Kanone abgefeuert. Diesen unfreiwilligen Schuß nannte

er später stets »meine Todsünde«, und er hat sie mit
bitteren Tränen bereut. Aber sonst änderte sich nichts.
Wo immer er einer Frau begegnete, sei es einer Marke-
tenderin, sei es seiner edlen Mutter, klein Alois senkte
seine Augen so schamvoll zu Boden, daß er gar nicht in
Versuchung fallen konnte, weil er gar nichts sah.

Was tun? Ferdinand, seinem verzweifelten Vater, kam
wieder nichts anderes in den Sinn als die Milieuveränderung. Und er schickte seinen keuschen Prinzen an den
weltoffenen Hof nach Florenz. Damit er dort die beiden
wunderhübschen Prinzessinnen Eleonora und Maria
kennenlerne. Damit er dort das Fechten lerne und ... das
Tanzen.

Der kleine Prinz Alois hat in Florenz wohl das Fechten gelernt. Aber das Tanzen nicht. Immer wenn die
beiden Prinzessinnen Eleonora und Maria in der Tanz-
stunde neugierig kichernd auf ihn warteten, kniete Alois
in der Kirche »Mariä Verkündigung«. Ganze zehn Jahre
war er alt, als er dort das Gelübde ewiger Keuschheit
ablegte.

In diesem Augenblick geschah das Wunder. In herrli-
chem Strahlengewande erschien Maria und gelobte vor
dem staunenden Volke, sie persönlich werde den frommen Knaben Alois zeit seines Lebens vor jeder Versuchung des Fleisches makellos bewahren.

Als Vater Ferdinand, der alte Macho, dies erfuhr, hatte er einen neuen furchtbaren Wutausbruch. Stracks befahl er seinem Sohn, Florenz zu verlassen und sich, zur
erneuten Milieuveränderung, als Page an den spanischen
Königshof zu begeben, nach Madrid.

Das war das Dümmste, was Ferdinand tun konnte.
Am Hofe Philipps II. war nämlich gerade eine neue Wel-

le der Frömmigkeit ausgebrochen. Durch alle Treppen und Flure des Palastes wieselte in schwarzen Röcken eine ganz neue Sorte Gottesmänner. Patres, von denen alle flüsterten, daß sie das Gelübde der Keuschheit ungleich strenger hielten als die alten Mönchsorden. Das waren, vom heiligen Ignatius begründet, die Väter von der »Gesellschaft Jesu«, die Jesuiten.

Es war das Fest Mariä Himmelfahrt, fünfzehn Jahre alt war Alois, als er zu Madrid, in einem schwarzen Büßer-Wämschen, gesenkten Auges hintrat vor Markgraf Ferdinand: »Mein Herr Vater, es ist der Wille meines himmlischen Vaters, daß ich, um der Seligen Jungfrau Maria immerdar zu dienen, eintrete in den Orden des heiligen Ignatius.«

Vor Wut soll Markgraf Ferdinand noch am selben Abend beim Würfeln ein Vermögen verspielt haben. Vor Wut bekam er einen Gichtanfall, der ihn für den Rest seiner Tage an den Tragstuhl fesselte. Vor Wut überschüttete der alte Macho Ferdinand seinen mißratenen Sprößling mit obszönen Beschimpfungen. Überliefert sind allerdings nur überlieferbare Ausdrücke wie »du degenerierter Kerl!«, »du Weiberfeind!«, »du spinnender Wicht!«.

Was half dem Alten seine Wut? Wie unflätig er auch vor seinem engelreinen Söhnchen tobte, stets bekam er, als Antwort, nur ein demütiges Lächeln, und stets den gleichen Satz: »Mein gnädiger Herr und Vater, ich werde Euch in allem gehorchen, soweit es meinem Vater im Himmel nicht mißfällt.«

Zwei Jahre tobte der ungleiche Kampf zwischen dem sündigen Vater und dem keuschen Sohn. Zwei Jahre, in denen Vater Ferdinand vor Ärger fast seine ganze Markgrafschaft verspielte, während Sohn Alois vor lauter Fasten und Beten von Tag zu Tag schwindsüchtiger wurde. Bis eines Tages der Hofmeister, blaß vor Schreck, zu Markgraf Ferdinand gelaufen kam. Der ließ sich sofort zum Zimmer seines Knaben tragen. Durch die halboffene Tür wurde ihm ein schrecklicher Anblick zuteil.

Mit entblößtem Rücken kniete jung Alois mitten in der Kammer. Schwer schlug die Peitsche nieder auf seinen schmalen, ausgemergelten Rücken. In Strömen floß das Blut. Offenkundig war der junge Heilige im Begriff, sich zu Tode zu geißeln. Und über seine schmerzverzerrten Lippen drang klagend die Melodie des Bußpsalms Miserere, den er seit dem 7. Lebensjahr täglich für seinen Vater betete:

*»Ecce enim in iniquitatibus conceptus sum
Et in peccatis concepit me mater mea.«*

*»Siehe in Sünden hat mich mein Vater gezeugt,
Siehe in Sünden hat mich meine Mutter empfangen.«*

In diesem Augenblick überwältigte den alten Sünder Ferdinand das heulende Elend. Unter Tränen gelobte er, seinen keuschen Sohn freizugeben für den Dienst der Gottesmutter Maria, als neuer Mann im Orden des heiligen Ignatius, selber aber demütig Buße zu tun für sein schändlich verpfuschtes Altmänner-Leben.

Kaum drei Monate war Alois Novize bei den Jesuiten in Rom, als sein Vater starb. Bei dieser Nachricht, berichten seine Mitbrüder übereinstimmend, habe sich der Heilige höchst sonderbar verhalten. Er zeigte nämlich nicht die geringste Trauer. Im Gegenteil. Er lächelte selig. Er lächelte triumphierend. »Warum«, sagte er, »soll ich mich über etwas betrüben, was der göttlichen Majestät gefällt?«

Im römischen Noviziat des Jesuitenordens herrschte inzwischen Ratlosigkeit. Ein Orden ist ja dazu da, um junge Menschen, die noch nicht heilig sind, langsam der Heiligkeit zuzuführen. Was aber tun mit einem Jüngling, der schon beim Eintritt, als Novize, vollkommen rein und heilig ist?

Auf diese Frage gab der heilige Alois dem Novizenmeister selbst die richtige Antwort: »Ehrwürdiger Vater«, sagte er in vollkommener Demut, »bitte tadeln Sie, bitte strafen Sie mich für Sünden, die ich nicht begangen habe.«

Aber war er denn wirklich ein »engelgleicher Jüngling«? Oder machte er das seinen Ordensbrüdern nur vor? Um dies zu ergründen, wurde ihm als Zimmergenosse im Noviziat Frater Vincenzo Cigala beigegeben. Frater Vincenzo war ausdrücklich beauftragt, den Heiligen nicht aus den Augen zu lassen, »um«, so heißt es wörtlich, »den Punkt zu entdecken, wo er der Menschlichkeit unterläge.«

Zwei Jahre lang hat Bruder Vincenzo Bruder Alois Tag und Nacht auf diesen Punkt hin beobachtet. Vergeblich. Da war nichts. Nicht die kleinste Sünde. Da war nicht einmal so etwas wie Versuchung. Nichts war da als engelgleiche, unbefleckte Reinheit.

Ein ganzer Schwarm von römischen Beichtvätern ist über das Gewissen des heiligen Jünglings hergefallen. Alle haben sie, so ist in den »Acta Sanctorum« bezeugt, nichts anderes herausgekriegt als dies: »tota vita sua nullum umquam, non modo in corpore sensum, sed nec in animo quidem suggestionem aut repraesentationem sensit.« Das heißt auf deutsch: »Nie im Leben hat er etwas verspürt, weder im Körper eine sexuelle Regung, noch in der Seele eine sexuelle Phantasie.«

Und dennoch büßte der heilige Alois. Täglich geißelte er sich für die Laster der anderen und vergoß dabei Ströme von Tränen. Und während seine sündigen Mitbrüder bei Tisch herzhaft zulangten, weigerte sich der Heilige, mehr Nahrung zu sich zu nehmen als morgens und abends je eine Unze. Das sind je 32 Gramm.

Als er dieses Benehmen eine Weile beobachtet hatte, kamen seinem Novizenmeister ernsthafte Bedenken. Im Grunde die gleichen Bedenken, die schon der leibliche Vater gehabt hatte. Wie, wenn der ganze Keuschheitsbetrieb um den heiligen Alois gar keine Heiligkeit war, sondern engelreine Spinnerei?

Der Novizenmeister ließ Frater Alois zu sich kommen und befahl ihm beim heiligen Gelübde des Gehorsams, seine sämtlichen Bußübungen einzustellen, sich wie ein normaler Mensch zu benehmen, vor allem bei Tisch normal zu essen. Ja er befahl ihm, morgens, wenn die anderen beteten, auf seinem Zimmer zu bleiben und auszuschlafen.

Was jetzt geschah, versetzte ganz Rom in Erstaunen. Der heilige Alois gehorchte nämlich auf der Stelle. Wie ein Engel, so gehorsam war er. Doch zugleich überkam ihn eine derartige Trübsal, daß er schwer fieberkrank wurde. Alle fürchteten um sein Leben. So niedergeschlagen war der heilige Alois. Weil er nicht büßen durfte, nicht leiden.

Erst als ihm sein Novizenmeister wieder gestattete, zu fasten, zu wachen und sich zu geißeln, ging es mit dem heiligen Alois ein bißchen aufwärts. Aber nicht lange.

Immer häufiger schüttelte ihn das Wechselfieber. Er bekam die Schwindsucht. 23 Jahre alt war Sankt Alois, als seine engelreine Seele am 21. Juni 1521 ausfuhr aus ihrer ausgezehrten irdischen Hülle. Es war, so bezeugt sein letzter Beichtvater, der heilige Robert Bellarmin, eine regelrechte Himmelfahrt: »Ohne das Fegfeuer auch nur zu berühren«, geleitet von einem jubilierenden Engelchor, sei Aloisens engelreine Seele emporgestiegen zur Engelskönigin.

Wüst war derweil auf Erden der Sturm auf seine Reliquien. Der Kopf des heiligen Alois kehrte im Triumph heim in seine Vaterstadt Castiglione – der Rumpf blieb bei den Jesuiten in Rom. Begehrter noch als die Späne von seinem Bett und die Fetzen von seiner Soutane war etwas anderes. Als nämlich die Brüder von der Gesellschaft Jesu die federleichte Leiche wuschen, sahen sie mit Staunen die fingerdicken Schwielen, die dem heiligen Jüngling, vom vielen Knien und Beten, an den Knien gewachsen waren. Flugs wurden diese Schwielen in hauchdünnen Scheibchen, ähnlich wie Morcheln, abgehobelt. Als wundertätige »Aloysius-Schwielen« gingen sie in die ganze Welt.

Da fing es mit den Wundern der Keuschheit erst richtig an. Von Madrid bis nach Manila, von Wien bis Paderborn wurden unzählige Jünglinge, denen man das gar nicht zugetraut hätte, mit einem Mal keusch wie die Engel. Und wenn man genauer hinsah, dann hing da stets, in einer der unzähligen neuen Kirchen des Jesuitenordens, eins von unzähligen neuen »Ex-voto«-Täfelchen: »Sankt Alois hat geholfen.«

Ein einziges Bollwerk des gesunden Altmännerverstands widerstand dem blühenden Kult. Das war der

Vatikan. 135 Jahre lang versuchte die römische Kurie jeden Trick der Verzögerung. 135 Jahre lang hat sich ein Papst nach dem anderen händeringend davor gedrückt, den »iuvenis angelicus« heiligzusprechen. 135 Jahre lang haben, drüben in der Heiligen Inquisition, die Dominikaner nichts als Witze gerissen über den heiligen Jesuiten.

Half alles nichts. Immer höher schlugen die Wellen der Keuschheit im gläubigen Volk. Vor lauter Angst, die Kontrolle über den neuen Kult ganz zu verlieren, gab Papst Benedikt XIII. – einer der schwächsten Päpste – 1726 seufzend nach und erhob den heiligen Alois zur Ehre der Altäre.

Wer von uns alten Knaben erinnert sich nicht an die »Sechs Aloysianischen Sonntage« – jene sechs Sonntage, an denen wir, vor dem Aloysius-Altar kniend, für alle unsere Jugendsünden einen vollkommenen Ablaß gewinnen konnten – jedes Jahr neu und zur Sicherheit gleich sechsmal hintereinander?

Wer von uns alten Sündern hat nicht, in wilder Jugendzeit, voller Reue an den nächtlichen »Aloysius-Andachten« teilgenommen? Erinnert ihr euch? Endlose Litaneien waren das:

»Du hellglänzendes Beispiel der Tugend, bitte für uns!
Du Wunder der Unschuld, bitte für uns!
Du Engel im Fleische, heiliger Alois, bitte für uns!«

Und selbst für jene unter uns, verehrte Leser, die hoffnungslos den Sünden des Fleisches verfallen scheinen, gerade für sie ist heute noch Zuflucht, ist heute noch Trost beim heiligen Alois. Richtig schön sind die Sünden des Fleisches ja nur, wenn man sie nachher auch richtig schön bereut. Diesem Zwecke dient der berühmte »Fürbittruf des gefallenen Jünglings zum heiligen Alois«. Aus dem wunderschönen Andachtsbüchlein des Jesuitenpaters Virgil Cepari, gedruckt in Regensburg 1861, möge er aus reinem Herzen ein letztes Mal erklingen:

»Holder Jüngling! Durch die Tugend
Schönstes Musterbild der Jugend,
Heiliger Aloysius!
Der du nun in süßer Wonne
Freuest dich vor Gottes Throne,
Ach, verschmäh nicht meinen Gruß.

Bitt für mich um keusche Liebe,
Welche heiligt alle Triebe,
Daß ich auch so keusch wie du,
Stets bewahre meine Sinne,
Nie das Böse Kraft gewinne,
Wandle rein dem Himmel zu.

Laß mich Seelenruhe finden,
Hilf mir siegreich überwinden
Meines Herzens Lüsternheit.
Du genossest Gottes Frieden
Durch die Keuschheit schon hienieden;
Hilf auch mir zur Seligkeit!«

17. *Stück*

WARUM HAT DER PAPST KEINEN BART?

Worin wir lernen,
was männliche Schönheit ist.

Warum rasiert sich eigentlich der Papst? Jesus ist doch ohne Bart gar nicht denkbar, auch Petrus nicht. Der Kirchenvater Tertullian lehrt sogar, ein Christ, der sich den Bart schere, begehe eine »Blasphemie wider das Antlitz des Menschen«. Warum begeht der Heilige Vater eine solche Blasphemie? Warum hat die Katholische Kirche ihren Priestern durch die Jahrhunderte vorgeschrieben, sich zu rasieren?

Es wende niemand ein, Papst Julius II. und Papst Gregor XIII. hätten doch die schönsten Bärte gehabt. Ja gewiß. Aber das war in der Renaissance, und in der Renaissance war bekanntlich im Vatikan alles, auch das Unmögliche, möglich. Es wende niemand ein, den Kapuzinern und den Missionaren seien doch Bärte stets erlaubt gewesen. Ja gewiß, aber das sind streng umgrenzte Ausnahmen, die die Regel nur bestätigen. So wichtig nämlich war die Bartlosigkeit ihrer Priester der römischen Kirche, daß sie es sogar in Kauf genommen hat, sich deshalb mit der Orthodoxen Kirche zu überwerfen, die ja, durch alle Jahrhunderte, am Bart als Inbegriff priesterlicher Würde festhielt – so sehr, daß sie »Kindern, Eunuchen und Bartlosen« verbot, den Berg Athos zu besteigen. Warum ist in der Katholischen Kirche das Gegenteil zur Regel geworden? Warum rasiert sich der Papst?

Ich darf es gar nicht laut sagen: Der Papst rasiert sich

aus dem gleichen Grunde, warum sich auch Kaiser Nero rasiert hat.

Aber fangen wir, um Gottes willen, nicht mit Kaiser Nero an, sondern, theologisch opportun, mit den Alten Juden. Was sangen eigentlich die alten Patriarchen im Alten Testament, wenn sie unter sich waren, in altväterischer Freundschaft und Behaglichkeit? Sie sangen gar nichts anderes als jenen Psalm, den, erstaunlich genug, heute noch die Mönche des heiligen Benedikt singen, wenn sie, täglich frisch rasiert, im Chor sitzen:

> *»Ecce quam bonum et quam jucundum*
> *Habitare fratres in unum.*
> *Sicut unguentum in capite,*
> *Quod descendit in barbam, barbam Aaron.«*

»Ei, wie so köstlich ist es doch, wenn Männer unter sich sind. Köstlich ist das wie die Salbe, die vom Haupte tropft, die in den Bart tropft, hinabtropft in Aarons Bart.«

Legende und Inbegriff männlicher Gemütlichkeit, das ist Aarons Bart im 133. Psalm. Doch gleich neben Aaron steht einer in der Bibel, der lange nicht so gemütlich wirkt. Wie anders hätte Michelangelo seinen Moses in Stein meißeln können, wenn nicht mit einem gewaltig langen, furchterregenden Bart?

Gottvater hat, sich selbst zum Abbild, den Bart geschaffen als Inbegriff männlichen Ernstes und männlicher Würde. Beim Barte Jupiters schworen schon die alten Römer, beim Barte des Propheten schwören die Muslime. Selbst bei den sonst so spottlustigen Griechen hörte, sobald es um den Bart ging, alle Ironie auf: »Ich trage einen weißen Bart«, hat Sokrates gesagt, »um mich, wenn ich diesen meinen Bart betrachte, vor jeder Handlung zu bewahren, die seiner nicht würdig wäre.«

Vor allen Dingen aber ist der Bart Inbegriff der Schönheit unseres Geschlechts. »Ein Mann ohne Bart«, sagt ein muslimisches Sprichwort, »ist häßlicher als ein Mann, dem man die Nase abgeschnitten hat.« So schön ist ein Bart, daß manche antiken Künstler nicht mehr wußten, wie sie Aphrodite darstellen sollten. Sie ist die Göttin der Schönheit. Aber sie ist eine Frau. Etwas fehlt ihr deshalb zur menschlichen und zur ästhetischen Vollkommenheit. Und so entstand, auf Zypern vor allem, der Kult der »bärtigen Aphrodite«.

»Der Schöpfer des Universums«, schreibt im Jahre 1797 Karl Gottlob Schelle, »konnte keine Zierde für den Mann wählen, die seiner Wahl würdiger gewesen wäre. Dieser Bart, welcher sein Kinn ziert, und der bald furchtbar, bald ehrfürchtig macht, dieser Bart – wenn man ihn genau betrachtet – entdeckt den Weibern die Absicht der Natur, und lehrt sie Demut, Unterwerfung, Gehorsam.«

Wenn aber der Bart nichts als der gottgewollte Ausdruck männlicher Schönheit ist, männlicher Weisheit, männlicher Macht, wie ist es dann möglich, daß gerade so ausgesprochen männliche Männer wie etwa Cäsar oder wie Papst Johannes Paul II. sich stets spiegelblank rasiert haben?

Im Jahre 1567 verbreitete sich eine Hiobsbotschaft im ganzen deutschen Reich. War es ein Zufall, daß die Hiobsbotschaft aus Braunau kam? In Braunau gab es einen Bürgermeister namens Johann Staininger. Der Mode entsprechend trug er einen langen, in der Mitte geteilten Vollbart, der so lang war, daß Staininger die beiden Bartenden vom Boden aufzuheben und durch den Gürtel zu schlingen pflegte. Am 28. September 1567 geschah dann das furchtbare Unglück: Auf der Treppe zum Ratssaal löste sich die linke Bartspitze aus dem Gürtel, der Bürgermeister von Braunau rutschte auf dem eigenen Bart aus und brach sich tödlich das Genick.

Siehe, es ist mit dem Bart wie mit der Religion: Sie verleiht dem Leben Würde. Deshalb ist ja Gottvater selber ohne Bart nicht denkbar. Aber Würde hat einen Nachteil: Sie ist niemals praktisch. Sie macht das Leben schwer. Am lästigsten ist ein Bart gerade bei jenem Tun, das nun einmal des Mannes ureigenstes Handwerk ist. Ein Bart ist hinderlich im Krieg.

Niemals wäre Alexander der Große bis nach Indien vorgestoßen, hätte er nicht im Jahre 330 vor Christus seinem ganzen Heere den Befehl erteilt: »Bart ab!« Das war im Feldzug gegen die Perser, die eine verblüffende Technik hatten, die Griechen im Nahkampf an ihren Bärten zu packen, sie auf diese Weise zu Boden zu werfen und dann zu erschlagen. Auch die griechischen Athleten, berichtet Lucian, pflegten sich schon, wie moderne Sportler, am ganzen Leib glatt zu rasieren. Im Ringkampf vor allem war es ein fataler Nachteil, wenn einen der Gegner am Bart packen konnte.

Noch fataler ist etwas ganz anderes: Bärte können Feuer fangen! Als zu Beginn der Neuzeit das Schießpulver im Kriegshandwerk Eingang fand, war das Kommando »Feuer!« erst einmal ganz wörtlich zu verstehen. Die unzähligen Spielarten des militärischen Oberlippenbartes oder des militärisch kurzgestutzten Backenbartes hatten seither alle den gleichen praktischen Grund: Wer leichtsinnig genug war, mit einem Vollbart ins Feld zu ziehen, der stand, sobald sich der Pulverdampf über seiner Lunte verzog, allzu leicht selber in Flammen.

Schon Scipio Africanus, der große römische Feldherr, ließ sich den Bart täglich demonstrativ scheren, als Zeichen seiner militärischen Tüchtigkeit. Selbstverständlich war Cäsar, als er Gallien eroberte, rasiert. Brutus allerdings war auch rasiert, als er Cäsar umbrachte. Überhaupt galt in Rom der Bart als etwas Griechisches, somit als etwas Intellektuelles und, in diesem Sinne, Weibisches – wenn nicht als etwas noch Schlimmeres. Wer mit Leib und Seele Römer war, der war mit Leib und Seele rasiert.

Was aber gibt es Römischeres als die Katholische Kirche? War nicht das römische Heer Muster und Modell für den katholischen Klerus als »militia Christi«? Muß da nicht der oberste Befehlshaber dieser geistlichen Heerschar genauso blankrasiert sein wie Cäsar und wie Scipio?

Zu Beginn unseres Jahrhunderts fand in Paris ein Experiment statt, das die wissenschaftliche Welt erschütterte. Zwei junge Männer, der eine bärtig, der andere rasiert, liefen einen Tag lang Seite an Seite durch Paris: durch alle möglichen Warenhäuser, auch durch den Louvre. Fuhren zusammen in der überfüllten Pariser Straßenbahn. Am Abend dann traten die zwei vor die versammelten Mediziner der Sorbonne, und jeder von den beiden küßte je eine junge Dame, deren Lippen zuvor sterilisiert worden waren. Das Ergebnis ging als Sensation durch die Welt: Auf den Lippen der jungen Dame, die der rasierte Jüngling geküßt hatte, wurden kaum mehr als ein paar Hefekeime entdeckt. Auf den Lippen, die den Kuß des Bärtigen empfangen hatten, fand sich dagegen, so der wissenschaftliche Bericht wörtlich, »ein wahres Gewimmel von krankmachenden Mikroben«, unter anderem Tuberkulosebazillen, Diphtherie- und Eiterkeime, ja sogar »ein Haar von einem Spinnenbein«.

Bärte sind nicht nur unmilitärisch, sie sind auch verdammt unhygienisch. Das haben die Päpste in Rom tausend Jahre vor den Medizinern in Paris erkannt. Katholische Priester, so steht zum Beispiel in den Beschlüssen der Heiligen Synode von Benevent, müssen sich rasieren, um zu verhindern, »ut prius liquore pilos inficiant quam ore liquorem infundant«, daß das heilige Blut Jesu Christi nicht direkt in die Kehle des Priesters rinne, sondern durch den Bart.

Wagen wir jetzt die theologisch entscheidende Frage: Warum, beim Barte Jupiters, hat Kaiser Nero sich rasiert?

Als jung Nero mannbar wurde, schor er feierlich seinen ersten Flaum, barg ihn in einer goldenen, mit Edelsteinen besetzten Schatulle und trug ihn so zum Kapitol, Jupiter, dem höchsten Gott, zum Opfer.

So ist die Religion. Sie liebt das Paradox, sie liebt das Prinzip »gerade weil, gerade deshalb nicht«. Gerade weil der Bart das Schönste ist, was Gott dem Mann verliehen hat, gerade deshalb ist es besonders fromm, den Bart Gott als Opfer darzubringen.

In der alten lateinischen Liturgie der katholischen Kirche gab es eine Fülle von Gebeten »ad barbirasium«, »zur Bartschur« der Kleriker. Vor dem Gebet, das der junge Nero auf dem Kapitol gesprochen hat, unterscheiden sie sich kaum. In dem achthundertjährigen »Kirchenbuch von Salisbury« heißt es zum Beispiel: »Allmächtiger, ewiger Gott, segne diesen deinen Diener, der dir den ersten Bart seiner Jugend aufopfert. Und wie die

143

Salbe, die im Bart Aarons duftete, gieße deinen Segen über ihn aus.«

Weiß das der deutsche Lifestyle-Aufsteiger, wenn er jeden Morgen so rituell, als wäre es Jupiters Altar, hintritt vor seinen Rasierspiegel? Nein, gar nichts weiß er, der deutsche Lifestyle-Aufsteiger. Clean will er sein wie sein amerikanisches Vorbild. Und merkt nicht, daß er, in all seiner rasierten Banalität, noch einem ungleich älteren Idol huldigt als nur Kaiser Nero und dem Papst.

Apollo! Der bartlose Gott der ewigen männlichen Jugend. Nichts anderes, glaubten die Alten, habe Apollo ums Kinn als, manchmal, einen allerersten, hauchdünnen Flaum.

CÄSAR AUF DER COUCH ZU PADERBORN

Worin wir Eugen Drewermann eine Mütze
aufsetzen.

Was ich schon immer einmal sagen wollte: Es ist doch eigenartig, wieviele große Männer einmal, in früher Jugend, sich ganz dem Herrgott weihen und Priester werden wollten. Der große Josef Stalin zum Beispiel, oder der große Casanova, oder, in unseren Tagen, der nicht minder große Franz Alt. Das größte, das klassische Beispiel einer solchen gescheiterten Berufung zum Priestertum kennen freilich die wenigsten. Et tu, Caesar! Ja auch Cäsar, der in seinem frevelhaften Leben jeden Rubikon der Macht, ja, wie wir leider wissen, auch jeden Rubikon der Moral sprichwörtlich überschritt, Gaius Julius Cäsar war einstmals einer von diesen Unschuldsknaben, die nichts als Priester werden wollten.

Manchmal liegt so etwas aber auch ein bißchen in der Familie. Cäsars Familie hatte ein ausgeprägtes religiöses Talent und war zum Beispiel überzeugt, von der Göttin Venus persönlich abzustammen. Kein Wunder also, daß Cäsar schon mit 13 Jahren den frommen Entschluß faßte, Priester zu werden. Aber natürlich war der Knabe Cäsar schon eigenwillig genug, um nicht irgendein Priestertum anzustreben. In der Religion der Alten Römer gab es ja die unterschiedlichsten Ämter, zum Beispiel das Amt des Pontifex maximus. Das ist der Titel, den heute noch der Papst führt. Der Pontifex maximus hatte wenig religiöse Ausstrahlung, besaß dafür um so mehr Macht im Staat.

145

Eher Kultusminister als Priester war der Pontifex maximus. Nur um politische Karriere zu machen, wird Cäsar später, mit 38, eben dieses Amt an sich reißen. Aber mit 13 hatte er noch etwas ganz anderes im Sinn, etwas viel Frömmeres, viel Heiligeres. »Flamen Dialis« wollte der Knabe Cäsar werden, Oberpriester am Altare Jupiters, des allerhöchsten Gottes, im Tempel auf dem Capitol.

Dieser »Flamen Dialis« stand an disziplinarischer Gewalt unter dem Pontifex maximus, war ihm aber weit überlegen an sakraler Magie, an priesterlicher Heiligkeit und Würde. Allein schon das Wort »flamen« klang im Ohr eines römischen Knaben unerhört altertümlich und ehrfurchtgebietend. Und so alt wie das Wort war das Amt. »Flamen« ist stammverwandt mit dem indischen Sanskrit-Wort »Brahmane«. In seiner tabu-umwitterten Lebensführung, in seinem geheimnisvollen Opferdienst an Jupiters Altar, war der Flamen Dialis in Rom der letzte große Brahmane des Westens.

Genau wie heute noch den indischen Brahmanen war zum Beispiel Jupiters höchstem Priester jegliche Arbeit zeit seines Lebens streng verboten. Ja Arbeit war für ihn ein solches Tabu, daß er nicht einmal zusehen durfte, wie andere arbeiteten. Zu diesem Zwecke lief dem Flamen Dialis auf allen Straßen und Plätzen Roms ein Herold voraus, der das arbeitende Volk mit lautem Geschrei warnte: »Hört auf zu arbeiten, der Flamen Dialis kommt. Hört auf zu arbeiten!« Als angemessene Entschädigung für diese lebenslange, erzwungene Arbeitslosigkeit bezog der Flamen Dialis eines der höchsten Gehälter der Römischen Republik.

Wer selbst die Arbeit scheut – und nicht wenige von uns, verehrte Leser, scheuen leider die Arbeit –, der wird jetzt gleich vermuten, daß sich die jeunesse dorée im Alten Rom auf dieses Priesteramt gestürzt hat. Das Gegenteil ist wahr. Im ersten Jahrhundert vor Christus herrschte in Rom genauso bitterer Priestermangel wie heute. Als Cäsar im Alter von 16 Jahren offiziell zum Flamen Dialis ernannt wurde, war er der einzige Kandidat. Und als er ein Jahr später wieder zurücktrat, blieb das Amt des Flamen Dialis, mangels Bewerber, über siebzig Jahre lang verwaist. Selbst die ganz frommen, selbst die ganz faulen Jünglinge Roms schreckten allesamt vor diesem Priestertum zurück.

Wer selber nichts im Kopf hat als die Sexualität – und viele von uns, verehrte Leser, haben leider nichts im Kopf als Sex –, der wird jetzt denken, die Alten Römer hätten den blühenden Knaben Cäsar zum Zölibat verurteilt. Irrtum. Der Flamen Dialis durfte heiraten. Allerdings mußte er als einziger Ehemann in ganz Rom feierlich geloben, seine Frau niemals zu betrügen. Lieben durfte er sie nur an Werktagen, wenn die anderen arbeiteten. Auch durfte die Gattin des Flamen Dialis keine Treppe emporsteigen, die mehr als zwei Stufen hatte, aus Angst, daß jemand ihre Beine sehen könnte. Kein Zölibat also, sondern eher etwas noch Schlimmeres. Eher eine Art evangelisches Pfarrhaus. Aber das war es nicht, woran Cäsar schließlich, im Alter von 17 Jahren, in seiner priesterlichen Berufung scheiterte. Er hatte sogar schon eine, die bereit war, den ganzen Hokuspokus mitzumachen. Cornelia hieß sie und war ungewöhnlich schön. Im vollen Wissen, was da alles auf sie zukam, haben Cäsar und Cornelia geheiratet, als er 16 war. Daran also lag es nicht.

Es lag auch nicht daran, daß der Flamen Dialis im

Leben keinen Tropfen Alkohol trinken durfte. Daß es ihm streng verboten war, Bohnen zu essen oder auch nur das Wort »Bohne« jemals auszusprechen. Daß er keinen Hund berühren, keine Ziege anschauen und kein Pferd besteigen durfte. Hunderte von solchen kleinen Tabus engten das Leben des Flamen Dialis ein. Jung Cäsar hätte das alles, unterstützt von seiner Cornelia, tapfer ertragen.

Unerträglich war nur eines: die Sache mit der Mütze. Tag und Nacht mußte Jupiters höchster Priester den sogenannten pileus tragen, eine hohe kegelförmige Mütze, die sich von der heutigen Mitra des Bischofs von Rom im wesentlichen dadurch unterschied, daß von ihrer Spitze an einem Wollfaden ein Hölzchen herunterbaumelte. Selbst im eigenen Hause, selbst im eigenen Bett durfte der Flamen Dialis diese heilige Mütze nicht auszuziehen. Wenn sie ihm auch nur einmal im Leben aus Versehen vom Kopfe fiel, verlor Jupiters Priester auf der Stelle Amt und Würden.

Seine Gattin mußte ursprünglich eine ähnlich hohe Haube tragen, den sogenannten tutulus. Zu Cäsars Zeiten war aber aus der Haube eine turmhohe Frisur geworden, von der ebenfalls ein Hölzchen an einem Wollfaden herunterbaumelte. Ihre Haare waren mit einem purpurnen Kopftuch umwickelt, das Gesicht hinter einem feuerroten Schleier versteckt. Wenn die beiden in ihrer sakralen Kostümierung die Straße herunterkamen, der Flamen Dialis und seine Frau, erregten sie höchstes Aufsehen. Um so mehr, als in ganz Rom kein Mensch mehr wußte, was eigentlich der Sinn dieser heiligen Mütze sei.

Heutige Forscher weisen darauf hin, daß der Flamen Dialis nur mit einem Messer aus Bronze rasiert werden durfte, daß er auch sein Gewand nur mit einer Spange aus Bronze zusammenhalten durfte. Das legte die Vermutung nahe, daß dieses heiligste römische Priesteramt sich mit allen seinen Tabus seit der Bronzezeit kaum verändert hat. In der Bronzezeit aber hatten die Römer noch keine Tempel. Wie die Alten Germanen verehrten sie ihre Götter in heiligen Hainen. Wahrscheinlich durfte der Flamen Dialis ursprünglich den heiligen Wald Jupiters sein Leben lang nicht verlassen. Als man es später duldete, daß er ein Haus bezog, mußte er durch eine Reihe von Symbolen zeigen, daß er im Geiste noch immer im Walde war.

So mußten zum Beispiel noch zur Zeit Cäsars die Pfosten seines Bettes rundum mit Erde bestrichen sein. Als schliefe er draußen im Walde. Plötzlich verstehen wir auch jenen rätselhaften Vers im 16. Gesang der Ilias, wo Homer von den Priestern des Zeus sagt: »Ανιπτοπο-δες χαμαιευναι« – »mit ungewaschenen Füßen liegen sie auf der Erde«. Aber wäscht man auch im Walde seine Füße nie, so trägt man doch im Walde, zum Schutz gegen Regen, eine Mütze. Als Symbol dafür, daß er im Geiste weiterhin draußen im Walde war, in Jupiters heiligem Hain, mußte in Rom der Flamen Dialis, selbst wenn er mit seiner Frau daheim im Bett lag, allezeit seine Mitra auf dem Kopf behalten.

Ob nun der fromme Knabe Cäsar sich wirklich vier Jahre lang die Füße nicht gewaschen hat, ob er in seiner Hochzeitsnacht mit Cornelia den spitzen Hut mit dem herunterbaumelnden Hölzchen auf dem Kopf behielt, weiß niemand mit Sicherheit. Es ist nämlich nur erwiesen, daß Cäsar zum Flamen Dialis ernannt wurde. Ob er aber auch tatsächlich »inauguriert«, ins Amt eingeführt wurde, ist weniger sicher. Um so mehr drängt sich die

Frage auf, was einen insgesamt so gesunden Jungen wie Cäsar überhaupt in einen derart verschrobenen Beruf treiben konnte.

Wer das berühmte Buch des berühmten Psychoanalytikers Eugen Drewermann über den Klerus gelesen hat – und wir alle, verehrte Leser, haben das berühmte Buch des »Galilei von Paderborn« gelesen –, der weiß, daß hinter so einer zwanghaften Berufung zum Priestertum nur eines stecken kann: eine dominante Mutter. Ein Blick in Cäsars Familie: Tatsächlich! Cäsars Mutter Aurelia sieht aus wie aus Eugen Drewermanns psychoanalytischem Bilderbuch entsprungen. Übereinstimmend schildern die Zeitgenossen, wie diese dominante römische Mammamia Cäsars blassen, schwachen, frühverstorbenen Vater beherrschte und an die Wand drückte. Und neben der dominanten Mutter stand ein zweites bigottes Weibsbild: Cäsars Tante Julia, eine wahre Weihwasserkröte. Die dominante Mutter Aurelia also hat, zusammen mit der bigotten Tante Julia, den ruchlosen Plan ausgeheckt, klein Cäsars unschuldige Frömmigkeit zu mißbrauchen, um ihn in die hochdotierte Pfründe des Flamen Dialis zu drücken und so die arg heruntergekommene, verarmte Patrizierfamilie wieder in die Höhe zu bringen. Daß sie ihren frommen Sohn damit zu einem von Tabus verkrüppelten Leben verurteilte, ja zu lebenslanger Lächerlichkeit, das war Mamma Aurelia, wie dominante Mütter nun mal sind, schnuppe.

Wir wissen nicht genau, wie es zugegangen ist, als Cäsar sich im Alter von 17 Jahren aus den neurotischen Fesseln mütterlicher Dominanz befreite. Er selbst hat später behauptet, er habe das Priesteramt nur aufgegeben, um nicht seine Frau Cornelia verstoßen zu müssen, gegen die der Diktator Sulla etwas hatte. Aber liegt es nicht auf der Hand, daß ein so tatendurstiger, so männlicher Charakter wie Cäsar spätestens mit 17 den Gedanken nicht mehr ertrug, lebenslang verurteilt zu sein zu heiligem Nichtstun? Braucht es viel psychoanalytische Phantasie, sich vorzustellen, wie der erwachende Mann Cäsar sich diese gottverdammte Haube vom Kopf riß und sie seiner dominanten Mutter vor die Füße warf – mit einem trotzigen, aber klassischen »mitra iacta est«?

Wer Eugen Drewermanns berühmtes Buch über den Klerus nicht nur gelesen, sondern auch aufmerksam studiert hat – und wir alle, verehrte Leser, haben dieses wahrhaft galileische Buch aufmerksam studiert –, der weiß, was so ein gescheiterter Priesteramtskandidat dringend braucht: eine Psychoanalyse. Am besten eine Psychoanalyse bei Eugen Drewermann in Paderborn. In welchen Sumpf der Sittenlosigkeit und Sünde gescheiterte Priester nämlich versinken, wenn niemand sie psychoanalytisch betreut, das wissen wir nur allzugut. Dafür ist Cäsar ein so trauriges Beispiel, daß ich am liebsten gar nicht darüber rede.

Mag Cicero bezeugen, wie der Expriester Cäsar dem Laster wider die Natur verfiel, wie er sich im goldenen Bett von König Nikomedes wälzte, zusammen mit degenerierten griechischen Knaben, ich will darüber schweigen.

Mag Sueton bezeugen, wie Cäsar dann, nach Rom zurückgekehrt, seinen ruinierten Ruf zynisch mißbrauchte, um eine ahnungslose Ehefrau nach der anderen zum Ehebruch zu verleiten, um gar Servilia, die Schwester des strengen Sittenhüters Cato, zur Unzucht zu verführen, ich will darüber schweigen.

Mag Lucan bezeugen, wie der einst so fromme Cäsar schließlich gar in den Pfühlen eines Weibes landete, das sich rühmte, nicht weniger als hundert Männer in einer Nacht geliebt zu haben – Kleopatra, Kleopatra, was du mit Cäsar triebst, daran will ich nicht denken.

Nein, ich denke an etwas ganz anderes. Ich denke an den unbekannten Priesteramtskandidaten unserer Tage, an den frommen jungen Mann von nebenan, der leider in letzter Zeit ein bißchen viel Eugen Drewermann gelesen hat, und der sich jetzt verzweifelt fragt, ob er den Herzenswunsch seiner dominanten Mutter erfüllen und Priester werden, oder ob er es nicht lieber machen solle wie Cäsar.

Jüngling, ich sage dir, bleibe deiner Berufung treu! Immer noch besser, du läufst, wie soll ich sagen, mit einem etwas merkwürdigen Hütchen herum, als daß du im Leben den Rubikon so ruchlos, so gewissenlos, so sittenlos wie Cäsar überschreitest!

NOCH REITET
DER HEILIGE BERNHARD

Worin wir lernen,
uns unserer Komik nicht zu schämen.

So groß ist die Glorie des heiligen Bernhard, daß die meisten Christen ihn auch als Gründer des Zisterzienserordens verehren. Aber das ist ein frommer Irrtum. Gegründet hat den Zisterzienserorden nicht der heilige Bernhard, sondern der heilige Robert. Das war ein ganz bescheidener und somit ganz unbekannter Heiliger. Und doch kennt man die Zisterzienser, ja man kennt den heiligen Bernhard nicht, wenn man nicht ein bißchen etwas über den heiligen Robert weiß.

Als der heilige Robert geboren wurde, staunte die ganze Familie. Trug doch der Neugeborene einen Verlobungsring, der ihm offenkundig bereits im Mutterleib auf den Finger gesteckt worden war. Auf dem goldenen Ring aber stand, in strahlenden Lettern, der Name seiner himmlischen Braut: »MARIA«.

Der Knabe Robert wuchs heran, an seinem Finger wuchs der Ring, in seinem Herzen wuchs die Liebe zu Maria ins Unermeßliche. Sobald als möglich, das heißt im Jahre 1098, gründete er ein Kloster, das sich in bisher ungeahntem Maße der Keuschheit und somit der Marien-Mystik weihen sollte. Das war zu Cîteaux in Burgund.

Cîteaux heißt auf deutsch Zisterz und war zu jener Zeit eine so wüste Einöde, daß es da nicht einmal Mystiker aushalten mochten. Von der schnöden Welt vergessen, blieb das winzige Häuflein Zisterzienser um Sankt Robert in der Wildnis allein.

Kaum war der heilige Robert ahnungslos und unbekannt ins Grab gesunken, da klopfte es an die Pforte seines einsamen Marienklösterleins so ungeduldig, daß der Bruder Pförtner entsetzt zusammenschrak. Draußen stand ein gewalttätig und herrisch anmutender, auf jeden Fall sehr energischer Jüngling von 22 Jahren. Das war der heilige Bernhard von Clairvaux.

Von Stund an war es aus mit der einsamen Beschaulichkeit im Kloster des heiligen Robert. Denn der heilige Bernhard kam nicht allein. Hinter ihm standen dreißig andere ungeduldige junge Männer – Freunde, Brüder, die der heilige Bernhard alle im Handumdrehen dazu überredet hatte, mit ihm zusammen ins Kloster zu gehen.

Bald danach drängten sich die ungeduldigen Jünglinge zu Hunderten vor der Klosterpforte von Cîteaux. So ungeheuer war die Anziehungskraft, die ausging von dem 22jährigen Heiligen.

Um die alte Ruhe in ihrem Klösterlein wiederherzustellen, schickten die Mönche von Cîteaux den dynamischen jungen Heiligen auf eine lange Reise. Quer durchs christliche Abendland, so lautete der bewußt vag gehaltene Auftrag, solle er neue Klöster gründen.

Es wurde ein einziger Triumphzug. Wo der heilige Zisterzienser ankam, liefen die Jünglinge ihren Müttern zu Tausenden, die Ehemänner ihren Ehefrauen zu Abertausenden davon. Nichts als keusch sein, nichts als ins Zisterzienserkloster wollten die Männer alle mit einem Mal. In der Einöde von Clairvaux in der Champagne gründete Bernhard ein eigentliches Superkloster, in dem er, selber erst 24 Jahre alt, 700 kahlgeschorenen Teenagern als Abt vorstand. Weshalb denn manche weltlichen Gemüter heute nicht zögern, ihn als den ersten Skinhead der abendländischen Geschichte zu verehren.

Wichtiger scheint mir die Frage, warum ein so energischer junger Mann wie der heilige Bernhard unbedingt in einen so weltfremden, beschaulichen Orden eintreten wollte, wie ihn der heilige Robert gegründet hatte. Die Antwort liegt nahe. Der heilige Bernhard hatte mit dem heiligen Robert etwas gemeinsam: Auch er war ein glühender Marienverehrer. Kaum war der 24jährige in Clairvaux Abt geworden, so überstürzten sich in der riesigen Teenager-Abtei die Wunder der Jungfräulichkeit. Am berühmtesten, weil in der Kunst tausendfach dargestellt, ist die »lactatio Sancti Bernardi«, das »Stillungswunder des heiligen Bernhard«.

Eines Abends sang der heilige Twen vor seinen versammelten Teenagern den alten Choral »Monstra te esse matrem – Erweise dich, Maria, als Mutter«. Auf der Stelle erschien die Gottesmutter. Siebenhundert kahlgeschorene Jünglinge sahen mit eigenen Augen, wie sie das Jesuskind beiseite legte und statt dessen dem heiligen Bernhard die Brust reichte. Es habe, sagte er nach der Ekstase, wie Honig geschmeckt.

Es lebte aber zu jener Zeit in der Lasterstadt Paris ein einziger Gerechter. Ein Verehrer des heiligen Robert, ein Gesinnungsfreund des heiligen Bernhard. Einer, der auch von morgens bis abends nichts anderes im Sinne hatte als Keuschheit und Marienverehrung. Das war der Erzpriester Fulbert.

Wir müssen uns den Erzpriester Fulbert ähnlich vorstellen wie den heiligen Robert, nämlich als einen durch und durch harmlosen Menschen. Dennoch gab es einen

Unterschied: Während der heilige Robert die Keuschheit an sich selber übte, übte sie der Erzpriester Fulbert an seiner Nichte.

Das war die keusche Heloise. Sie lebte im Hause des Erzpriesters Fulbert, und er wachte über ihre Jungfräulichkeit wie über seinen Augapfel. Die wenigen, die sie überhaupt zu Gesicht bekommen hatten, waren sich im Urteil einig: Die keusche Heloise war die schönste Frau von Paris.

In dem kolossalen Verteidigungssystem, das der Erzpriester um die Keuschheit seiner Nichte herum aufgebaut hatte, war jedoch eine schwache Stelle. Der Erzpriester war eitel. So behauptete er zum Beispiel, seine Nichte sei nicht nur die schönste und die keuscheste, sondern auch die intelligenteste von allen Frauen. Ob es denn keinen Weg gebe, einer so begabten Jungfrau die höhere Bildung zu vermitteln, ohne sie den Gefahren der Welt auszusetzen – diese Frage stellte der Erzpriester eines Tages Professor Petrus Abälard von der Universität Paris.

Professor Abälard war ein typischer Intellektueller, stark an Geist, doch an Charakter schwach. »Aber sicher«, gab er zur Antwort, er sei gern bereit, der Nichte des Erzpriesters Privatunterricht zu erteilen. Privatunterricht in höherer Logik.

Professor Abälard war nicht irgendein Stubengelehrter. Er galt als der gescheiteste Mann des Jahrhunderts – er war es auch. Zutiefst geschmeichelt, daß eine solche Koryphäe seiner Nichte Privatunterricht erteilen wollte, öffnete ihm der ahnungslose Erzpriester Tür und Tor.

Was dann geschah, hat Abälard selber mit den Worten umschrieben: »Plura erant oscula quam verba – es wurde mehr geküßt als unterrichtet.« Da Abälard, als echter Intellektueller, seinen Mund nicht halten konnte, wußte ganz Paris, was los war im Hause des Keuschheitswächters Fulbert. Ganz Paris lachte. Als letztem gingen dem Erzpriester selber die Augen auf.

> *»Und er sah – o Wüsteney –*
> *Daß das Weibsbild schwanger sey.«*

Mitternacht, die Geisterstunde. Durch das nächtliche Paris schleicht eine vermummte Gestalt. Das ist der Erzpriester Fulbert. Auf dem Rücken trägt er eine Leiter, unterm Mantel ein altes rostiges Metzgermesser. Was führt der Erzpriester im Schilde?

Unbemerkt schleicht er von hinten an Professor Abälards Haus. Lautlos stellt er die Leiter an. Strümpflings steigt der Erzpriester in das Schlafzimmer des sündigen Professors ein. Dann saust das lange Metzgermesser nieder. Und es geschieht, was Abälard selber so formuliert: »Er schnitt mir jenes Glied ab, ohne das es keine Sünde gegeben hätte zwischen mir und Heloise.«

Als man dies im Land erfuhr, war von Trauer keine Spur. Im Gegenteil. In seiner Autobiographie »Historia calamitatum« schildert Abälard selbst, wie er sich einen Verband nach dem andern auflegte und dabei versuchte, trotz der johlenden Menge unter seinem Fenster und trotz der rasenden Schmerzen einen vernünftigen Gedanken zu fassen.

Eins war klar: In Paris bleiben konnte er nicht. Fortan zur Keuschheit verdammt, mußte er dahin, wo Keuschheit nichts Lächerliches war, sondern im Gegenteil, eine ganz hohe Qualität. War es nicht das Beste für ihn, zum heiligen Bernhard in die Abtei Clairvaux zu ziehen?

Aber für dieses Teenager-Kloster war Professor Abälard einfach zu alt. Auch grauste ihm ein bißchen, unter uns gesagt, vor der Marien-Mystik in Clairvaux. Lieber ein eigenes Kloster gründen. Mit der Begründung, ihm bleibe im Leben nichts anderes mehr als die Freuden des Geistes, gründete Petrus Abälard die »Abtei zum Heiligen Geist«. Um aber doch ein gutes Vorbild stets vor Augen zu haben, gründete er seine Abtei gar nicht so weit von der Abtei des heiligen Bernhard entfernt.

So saßen sie nun plötzlich nebeneinander in der Einöde: der größte Heilige und der größte Intellektuelle des 12. Jahrhunderts. Daß sie gleich miteinander Streit bekamen, lag am schlechten Charakter des Intellektuellen.

Die guten Vorsätze waren nämlich in der Abtei zum Heiligen Geist schnell vergessen. Das Kloster entwickelte sich zu einer Art Sommerschule der Universität Paris, zu der die fahrenden Schüler aus ganz Europa strömten, um sich die höchst ungewöhnlichen Ansichten anzuhören, die Abälard über die Allerheiligste Dreifaltigkeit zum besten gab. Und es sei nicht verschwiegen, daß die meisten Studenten ihre Freundinnen mitbrachten in die romantische Abtei aufs Land. Was die »Freuden des Geistes« betrifft, denen sich Abälard in seiner Abtei widmen wollte, so schrieb er nun mit Vorliebe Gedichte, von denen ein Chronist sagt, daß sie »den Schülern und den Damen« sehr gefallen hätten. Wichtigster Zeitvertreib im Kloster zum Heiligen Geist aber wurde es, Witze zu reißen über den ganz anders gearteten Betrieb im benachbarten Kloster des heiligen Bernhard.

Wie die Unkeuschheit, so unterliegt allerdings auch die Keuschheit einer gewissen eigengesetzlichen Dynamik. Nur mit Marienmystik waren die siebenhundert kahlgeschorenen jungen Männer in der Abtei nebenan auf die Dauer nicht ganz beschäftigt. In Sankt Bernhards keuschem Superkloster kam der Gedanke an einen Kreuzzug auf.

Nun kann man einen Kreuzzug nicht einfach vom Zaun brechen. Man braucht dazu vielmehr eine Spezial-erlaubnis vom Papst. Was lag näher, als erst einmal in der christlichen Nachbarschaft für etwas mehr Ordnung zu sorgen?

Zuerst erreichte es der heilige Bernhard, daß der Vati-kan das unerträgliche Lästermaul Abälard zu einem le-benslangen Buß-Schweigen verurteilte. Als sich jedoch der Intellektuelle – wie zu erwarten – als unfähig erwies, sein dummes Maul zu halten, wurden ernstere Maßnah-men notwendig.

So ritt denn der heilige Bernhard auf das Konzil von Sens, um Professor Abälard der Ketzerei anzuklagen. Diesmal verschlug es Abälard die Sprache. Er wagte es nicht, selbst nach Sens zu kommen, um sich gegen den lebensgefährlichen Vorwurf zu verteidigen. Aber die Kirchenversammlung war gar nicht so voreingenommen. Wollte man, fanden manche, jeden verbrennen, der Witze machte über die Keuschheit im allgemeinen und über den heiligen Bernhard im besonderen, so müßte man die halbe Christenheit verbrennen. Und so beschloß das Konzil, in einer Geste der Versöhnung, nicht Abälard selbst zu verbrennen, sondern nur seine Bücher.

Dieser faule Kompromiß brachte nun allerdings den heiligen Bernhard derart in Rage, daß er sein Schlachtroß bestieg und mit gezogenem Schwert hinüberritt zur Ab-tei vom Heiligen Geist.

Jetzt beginnt eine abenteuerliche Verfolgungsjagd

quer durch Frankreich und Burgund. Abälard flieht zu Fuß, weil er, seiner Verstümmelung wegen, nicht mehr reiten kann. Trotzdem holt ihn Bernhard von Clairvaux auch im Galopp nicht ein. Denn der Heilige ist ein bißchen dümmer als der Spötter und reitet deshalb ständig in die falsche Richtung.

Die irre Verfolgungsjagd endete in der Abtei Cluny. Dort fand Abälard Zuflucht. Nicht weil der Herrscher von Cluny, Abt Petrus der Ehrwürdige, Abälard sympathisch gefunden hätte – niemand findet einen Intellektuellen sympathisch –, sondern weil Petrus der Ehrwürdige gerade selber Streit hatte mit dem heiligen Bernhard. Dabei ging es um etwas ungleich Wichtigeres als um das Leben eines Intellektuellen, nämlich um die Kirchensteuer. Nur um den heiligen Bernhard zu ärgern, nahm Petrus der Ehrwürdige den armen Abälard auf. Als Asylanten.

Zum Trost bekam der heilige Bernhard bald darauf vom Papst die langersehnte Spezialerlaubnis, in ganz Europa einen Kreuzzug zu predigen. Da er ihn zuerst in Frankreich predigte, dann in Deutschland, wird der heilige Bernhard heute, politically correct, als »Patron der deutsch-französischen Freundschaft«, ja sogar als »Patron der europäischen Einigung« hoch gefeiert.

Nun bedarf es stets eines erheblichen Maßes an Tiefsinn und somit an Unsinn, um einen Menschen, der schon so lange tot ist wie der heilige Bernhard, als moralisches Exempel für eine ganz andere Zeit neu zu verstehen und zu feiern. Als Patron der deutsch-französischen Zusammenarbeit scheint mir der heilige Bernhard jedoch in ungewöhnlichem Maße mißglückt. Von den über 100 000 Deutschen und Franzosen, die vereint seinem

Aufruf zum Kreuzzug folgten, kamen nämlich kaum mehr als 5000 lebendig aus dem Heiligen Land zurück. Zu den Überlebenden zählte übrigens auch der heilige Bernhard selbst. Allerdings aus einem besonderen Grund: Der Heilige war klug genug gewesen, an dem Kreuzzug, den er angezettelt hatte, selbst nicht teilzunehmen.

Nein, wenn der heilige Bernhard eine aktuelle Bedeutung für unser Jahrhundert hat, dann als etwas ganz anderes. Bernhard von Clairvaux ist recht eigentlich der Patron der christlichen Humorlosigkeit.

Zugegeben, in den neun Jahrhunderten hat sich manches verändert. Die Kirchen sind unvergleichbar offener und toleranter geworden für jene, die anders glauben, anders empfinden. Sogar die Marxisten werden nicht mehr verdammt, sondern aufgenommen ins evangelische Altersheim. Sogar die Homosexuellen werden nicht mehr verbrannt, sondern seelsorglich betreut. Nur einer einzigen Menschengruppe sind die Frommen heute noch genauso böse wie zur Zeit des heiligen Bernhard. Das sind die geistigen Söhne Abälards – jene, »die auf der Bank der Spötter sitzen«.

Im Gegenteil, die Empfindlichkeit der Frommen gegen Spott, Ironie und Satire ist heute eher größer. Zur Zeit des heiligen Bernhard war nämlich Spott über die Kirche auch *in* der Kirche wenigstens zu gewissen Jahreszeiten erlaubt. Wie in Frankreich, so war es zum Beispiel auch in Köln zu Karneval üblich, einen Esel in den Dom zu führen, und zwar nicht hinten ins Schiff, sondern ganz vorn ins Allerheiligste. Als Zeichen seiner erzbischöflichen Würde wurde dort dem Esel die Mitra aufgesetzt, worauf ihm das christliche Volk mit den denkbar derbsten Späßen mitten in der Kirche die Reverenz erwies.

Versuche einmal einer heute im Kölner Dom einen solchen Spaß zu Karneval. Gleich würde dem beleidigten Klerus die Polizei zu Hilfe eilen, um das entweihte Gotteshaus zu räumen. Und das Kölner Landgericht spräche Höchststrafen aus wegen »Religionsbeschimpfung« gemäß Paragraph 166 Strafgesetzbuch.

Dabei hat der Karneval heute gar nicht mehr die aufregende Bedeutung, die er im Mittelalter einmal gehabt hat. Für die ganz anders gearteten Lebensverhältnisse der Gegenwart wäre es vielmehr von ähnlicher Bedeutung, wenn, sagen wir, die ARD am Sonntag, zu populärster Fernsehzeit, eine satirische Sendung brächte mit Kardinal Meisner in der Rolle des Esels. Wäre nicht schon der Plan zu einer solchen Sendung der Fernseh-Skandal des Jahrzehnts?

Und wie ist es in andern Religionen? Die schlimmsten Erfahrungen habe ich in Marrakesch gemacht, auf der berühmten Dachterrasse des »Hotel de France«. Das war an einem romantischen Winterabend. Glutrot stand im Westen über Marrakesch der Mond. Plötzlich kam mir ein Gedanke. »Warum«, fragte ich die Marokkaner, die schon seit Stunden mit mir am Tisch saßen und über Gott und die Welt schwatzten, »warum ist eigentlich der Mond das Symbol des Islam?«

Sekunden später rannte ich quer durch Marrakesch um mein Leben. Ich hatte nicht bedacht, daß das französische Wort »lune«, anders als das deutsche Wort »Mond«, einen ironischen Unterton hat. »Lunatique« heißt »verrückt«.

In Marrakesch bin ich mit dem Leben davongekommen. Ich wage nicht, mir auszumalen, wie es mir in Bagdad oder in Teheran ergangen wäre. Auch in Jerusalem habe ich mich stets gehütet, den berühmten jüdischen Humor zu testen. Wo man hinblickt, nach links und nach rechts, nach West und nach Ost, ist die Fähigkeit, fromm zu sein, identisch mit der Fähigkeit, beleidigt zu sein. Die Frage drängt sich auf, woher das kommt.

Der französische Philosoph Henri Bergson hat einmal die Auffassung vertreten, daß das gleichermaßen am Wesen des Lachens liege und am Wesen der Religion. Worüber lachen wir? Wir haben als Kinder in der Schule gelacht über die fixen Ideen oder ganz bestimmte fixe Gesten eines Lehrers. Wir lachen über Beamte, die ihre Arbeit steif, stur und unnötig kompliziert erledigen. Wir lachen über einen Onkel, der sich durch gekünstelte Allüren zu etwas Besonderem hochstelzt. Mit einem Wort, wir lachen über alles Steife, Verklemmte, Gestelzte und Erstarrte.

Gesund ist das Leben nur da, wo es selbstverständlich, ungezwungen, unkompliziert, spontan und immer neu aus sich selber fließt. Mit dem Lachen, so Henri Bergson, schützt sich das Leben vor seiner schlimmsten Erkrankung: vor der Erstarrung, vor Steifheit und Zwang. Eine so ausgezeichnete Medizin ist das Lachen, daß der selbstverständliche, zwanglose Fluß des Lebens sofort zu genesen beginnt, wenn wir einmal fähig sind, über eine Verklemmung zu lachen.

Das ist der präzise Grund, warum am meisten über jene Institutionen gelacht wird, die am meisten zur Erstarrung und zur Verklemmung neigen. Zum Beispiel gibt es unzählige Witze über das Militär. Aber was ist schon das Militär? Stärker noch neigt ein anderer Lebensbereich zur Erstarrung. Das ist die Religion. Von allen Institutionen wirkt keine so steif und verklemmt wie die Kirche. Deshalb hatten die großen Lacher der europäischen Geistesgeschichte, von Abälard bis Voltaire, alle für Religion eine Vorliebe wie Wespen für Marmelade. Deshalb reizt auch heute den gesunden, normalen und gelösten Menschen nichts so zum Lachen wie die Religion.

Aber nehmen wir einmal an, daß in Rom Eugen Drewermann Papst würde. Daß also eine religiöse Reform käme, die radikal Schluß machen würde mit all den Verkrampfungen und Verklemmungen, an denen die kirchliche Moral und der religiöse Betrieb so augenfällig leiden. Was dann? Ich vermute allen Ernstes, daß selbst dann die Welt nicht aufhören würde, über die Religion zu lachen. Denn sie ist wesenhaft komisch.

Der Fremde ist komisch, sagt Henri Bergson in seiner Theorie des Lachens. Der Fremde hat ja Mühe, am zwanglosen Fluß des Lebens selbstverständlich teilzunehmen. Meist benimmt er sich unsicher oder linkisch, manchmal auch störend. Auf jeden Fall bricht sich der Fremde die Zunge. Zum Beispiel weiß ich aus Erfahrung, daß man es in Bremen ein bißchen komisch findet, wenn ich im Radio zu hören bin. Ich spreche mit dem Tonfall, mit dem Akzent des Fremden, ich denke somit auch auf etwas fremde Art und bin ganz unvermeidlich komisch.

Der religiöse Mensch ist aber wesenhaft ein Fremder. »Wir haben auf Erden keine bleibende Stätte«, sagt Paulus. Und Heinrich Böll hat einmal gesagt, daß nichts den religiösen Menschen so kennzeichnet wie das Gefühl, in dieser Welt nicht zu Hause zu sein. Deshalb wird die

164

Welt über die Religion bis ans Ende der Zeit zu lachen haben. Weil Religion in ihrem innersten Kern weltfremd ist.

Tun die Frommen vielleicht deshalb alles, um die Spötter zum Schweigen zu bringen, weil sie selbst am peinlichsten spüren, wie tief dieser Spott trifft? In der christlichen Religionsgeschichte gibt es ein einziges klassisches Modell dafür, wie die Religion mit der ihr wesenseigenen Komik souverän umgehen könnte. Das ist nicht der heilige Bernhard, sondern der heilige Filippo Neri.

In einer ganz andern Zeit, nämlich in dem verweltlichten Rom der Renaissance, war der heilige Philipp genau so inbrünstig fromm wie der heilige Bernhard in seiner mittelalterlichen Wildnis. Stärker noch als Bernhard von Clairvaux war Filippo Neri deshalb Gegenstand des allgemeinen Gelächters seiner Zeitgenossen. Darüber war er aber, anders als Bernhard, überhaupt nicht beleidigt. Im Gegenteil, es machte ihm das größte Vergnügen, über sich selber mitzulachen. Selbst unter Papst Pius V., in den schlimmsten Jahren der römischen Inquisition, hat der heilige Philipp sich nicht gescheut, durch Rom zu ziehen mit einem religiösen Straßenkabarett, in dem er sich über den Vatikan genauso lustig machte wie über sich selbst. Filippo Neri, der Narr Gottes, Abälard und Bernhard in einer Person, das ist das einzige mir bekannte Modell einer Frömmigkeit, die sich ihrer eigenen Komik souverän bewußt ist.

Eine solche Religiosität, vermute ich, wäre heute für die Welt eine viel größere Herausforderung als alle jene Kreuzritterheere, an deren Spitze der heilige Bernhard unentwegt durch die Jahrhunderte galoppiert. Zur Zeit nämlich sind die Frommen noch immer so damit beschäftigt, über den Spott der Welt beleidigt zu sein, daß sie das Allerinteressanteste nicht merken. Es gibt etwas, was noch komischer ist als die Religion. Das ist die Welt. Bei dem Vorgang der Verfremdung ins Komische, kommt es ja nur auf den gewählten Standpunkt an. Ist die Religion für die Welt komisch, weil sie weltfremd ist, so ist die Welt ihrerseits komisch, weil sie sich abgewandt hat von Gott.

Gott ist ja der strömende, natürliche, schöpferische Ursprung allen Lebens. »Gott ist jünger als alle«, hat Augustinus gesagt. Gott ist jung, die Welt ist alt. In einem viel abgründigeren Sinne als die Religion ist die Welt steif, starr, zwanghaft und verklemmt. Die Welt ist urkomisch, weil sie gottlos ist. Deshalb hat der Straßburger Satiriker Sebastian Brant die Welt mit einem »Narrenschiff« verglichen, das am Jüngsten Tag kieloben treiben wird.

Wenn es allerdings stimmt, daß sich das Ende aller Dinge dadurch ankündigt, daß die Komik der Welt stärker sichtbar wird als die Komik der Religion, dann sind wir vom Weltuntergang noch sehr weit entfernt. Noch übt sich die Religion in unfreiwilliger Komik, tiefbeleidigt über die schnöde Welt.

Noch reitet der heilige Bernhard.

20. Stück

DIE MACHT UND DIE HERRLICHKEIT

Worin wir lernen, daß die Macht
und die Herrlichkeit
des Erzbischofs von Köln nimmer enden wird.

Wen Jesus wohl gemeint hat, als er den Jüngern dieses Gleichnis erzählte? »Es war einmal ein reicher Mann, der kleidete sich in Purpur und köstliches Leinen und lebte alle Tage herrlich und in Freuden. Es war aber ein armer Mann mit Namen Lazarus, der lag vor seiner Tür voller Schwären und begehrte sich zu sättigen von den Brosamen, die von des Reichen Tische fielen« (Lukas 16, 20–21).

Im Vatikan, in den freudlosen Büros der »Präfektur für die wirtschaftlichen Angelegenheiten des Heiligen Stuhles« ist dazu eine höchst eindeutige Exegese zu hören: »Der reiche Prasser, das ist das Erzbistum Köln.« Und der arme Lazarus? »Siamo noi. Das ist der Vatikan.«

1,408 Milliarden Mark nahm, laut Haushalt, das Erzbistum Köln 1993 ein. Im gleichen Jahr mußte sich, ebenfalls laut Haushalt, der Heilige Vater in Rom mit 86 Millionen $ Einnahmen begnügen. Wie immer der Dollarkurs – der Vatikan rechnet nur in Dollars – schwanken mag, mit Gottes Auge betrachtet bedeutet dies auf jeden Fall: Die Kurie zu Köln am Rhein hat etwa zehnmal mehr Geld zur Verfügung als die Kurie in Rom.

Noch ärmer steht der Heilige Stuhl da, wenn wir jetzt einen ungläubigen Blick auf die andere Seite beider Haushalte werfen. Der Vatikan hat 1993 Ausgaben von

178 Millionen $. Bei Einnahmen von 86 Millionen $ bedeutet das ein abenteuerliches Schuldenloch von 52% des Haushalts. Das Erzbistum Köln dagegen schließt mit 1,408 Milliarden DM Ausgaben – mitten in der Wirtschaftskrise – wundersam ausgeglichen ab. Weit vor dem Erzbistum Chicago ist Köln heute die reichste Diözese der Welt.

Das macht allein die deutsche Kirchensteuer, sagen viele. Gewiß, 75% der Einkünfte der Kölner Kurie stammen aus ihr. Aber erinnert euch an Papst Pius XII.: Er hatte keine Kirchensteuer – und war doch alles andere als ein armer Lazarus. Denn da ist ein zweites. So wie es *ein* Mann war, der amerikanische Kardinal Paul Marcinkus, der mit seinen frevelhaften Spekulationen die Kurie am Tiber in den finanziellen Ruin gestürzt hat, so ist es *ein* Mann, dem die Kurie am Rhein ihren sagenhaften finanziellen Aufstieg verdankt. Das ist unser Hochwürdigster Herr Generalvikar, Ökonom des Erzbistums, Moderator der Kurie, Vorsitzender des Diözesanverwaltungsrates, Vorsitzender des Kirchensteuerrates, Vorsitzender des Finanzausschusses, Vorsitzender des Haushaltsausschusses, Vorsitzender des Diözesan-Caritasverbandes, Vorsitzender des Stiftungskuratoriums, Archimandrit von Jerusalem, Apostolischer Protonotar und Residierender Domkapitular Dr. h.c. iuris utriusque Norbert Feldhoff.

Diesen mächtigsten und erfolgreichsten Manager der Katholischen Kirche in Person zu erleben, ist für jeden Besucher Kölns leicht. Er muß dafür nur sehr zeitig aufstehen: Morgens um halb sieben liest Generalvikar Feldhoff im Hohen Dom selber die Messe. Der frühe Kirchgang lohnt sich: So wie er am Altar steht, ist Norbert Feldhoff als Erscheinung staunenswert.

Nein, das ist nicht der klassische Typ des feisten, listigdumm schmarotzenden Kölner Pfaffen, den Ulrich von Hutten in seinen »Dunkelmännerbriefen« dem Gelächter der Welt preisgegeben hat. Fast zwei Meter lang, ohne ein überflüssiges Gramm, wohltrainiert, aber nicht übertrainiert, bewegt sich Generalvikar Feldhoff am Altar ohne jede Manier und Arroganz, aber zeremonienfest und unbedingt selbstsicher. Noch auffälliger als die körperliche Wendigkeit ist bei diesem Mann aus dem Jahrgang 1939 die jugendliche Frische des Gesichts.

Das ist der neue Typ des katholischen Priesters. In beiden Kurien, der kölnischen wie der römischen, trifft man ihn immer häufiger: sportlich, alert, meist kurzgeschoren, im tiefschwarzen Anzug tadellos gekleidet. Die geistlichen Yuppies. Die meisten um dreißig. Norbert Feldhoff ist, eine Generation voraus, ihr Prototyp. Von seiner Karriere träumen sie alle.

Dreißig war auch er, als die Hand von oben kam. Kardinal Josef Höffner machte ihn zuerst zu seinem Geheimsekretär, bald danach, noch überraschender, zum jüngsten Generalvikar Deutschlands. Früher sagte man, der Bischof sei der Graf, der Generalvikar der Gutsverwalter. Für heutige Begriffe ist der vicarius generalis der general manager eines Bistums.

Ein 36jähriger als Generalvikar? Die Kölner Kurie barst 1965 vor Eifersucht und Häme: »Der ist hoffnungslos überfordert.« Die Eifersucht ist inzwischen eher gewachsen. Aber die Häme klingt jetzt anders: »Der würde besser Daimler-Benz sanieren«, meint ein Kölner Pfarreipriester aus Feldhoffs Weihejahrgang. »Der wäre besser Bankier geworden«, mäkelt ein anderer.

Wahr ist, daß Norbert Feldhoff seine Macht ähnlich

unterkühlt und doch bewußt ausübt wie andere deutsche Topmanager seiner Generation. Von ihm stammt der Satz: »Geld ist Macht. Sollte jemand es leugnen, so müßte man prüfen, ob er wegen mangelnder Eignung oder Heuchelei zu entlassen ist.« Aber welcher Große der weltlichen Wirtschaft hat ein Hobby, das sich mit seinem vergleichen läßt?

Um die Wette laden Familien des alten Kölner Mittelstands den Hochwürdigsten Herrn Feldhoff nach Hause ein. Keiner nämlich kann so gut wie er Kinder unterhalten. Wenn Norbert Feldhoff Märchen erzählt, klettern die Kleinen auf seine Knie. Und die Großen hangen an seinen Lippen.

Sein schönstes Märchen aber ist der »Haushaltsplan für das Erzbistum Köln«. Das ist eine geistliche Symphonie in Zahlen, abertausend wunderbare Zahlen, mehr als zweihundert Seiten in Großformat, taigagrün gebunden, eine Labsal fürs gläubige Auge. Daß eine fromme Seele 1993 ein Scherflein in Höhe von genau 100,– DM als »Spende« für die »Leitung des Erzbistums« einzahlen wird, tausend solche akribischen Details sieht Norbert Feldhoff mit soviel Hellsichtigkeit voraus, daß die Presse, die zu seinen Füßen sitzt, wenn er am Jahresanfang den Etat vorstellt, jegliche Kritik schnell und beschämt einstellt. Da stimmt einfach alles im voraus wunderbar: exakt 1 408 348 068 DM Einnahmen und exakt 1 408 348 068 DM Ausgaben.

Siehe, ich verkünde euch ein großes Geheimnis: Im »Haushaltsplan für das Erzbistum Köln« stimmt nur deshalb en détail alles, weil en gros fast alles fehlt.

Um gleich mit dem größten Detail zu beginnen: Im Haushaltsplan für das Erzbistum Köln fehlt der Kölner

Dom. Wie das? Nun. Eines Tages hat er sich juristisch und finanziell verselbständigt und ist so, hokuspokusverschwindibus, aus dem Haushalt des Erzbistums verschwunden.

Hokuspokusverschwindibus: Es fehlt der enorme Umsatz des katholischen Krankenwesens. Dabei ist fast die Hälfte aller Krankenhäuser am Rhein in katholischer Trägerschaft. Mit 4,9 Millionen Mark »Zuweisungen zur Gesundheitshilfe« ist ihre Existenz in Norbert Feldhoffs Haushaltsplan höchstens verschämt angedeutet.

Hokuspokusverschwindibus: Es fehlt fast der ganze unabsehbare Wohltätigkeitsbetrieb des »Caritas«-Verbandes im Erzbistum, den der Staat natürlich, wie die Krankenhäuser, fast ganz finanzieren muß, den aber die Kirche beherrscht.

Hokuspokusverschwindibus: Es fehlt ein großer Teil der katholischen Schulen, ja sogar ein sehr großer Teil des eigentlichen sakralen Betriebs. Zum Beispiel die »Stiftungen«, »Spenden«, »Vermächtnisse«, mit denen sich viele der 814 Pfarreien zu einem guten Teil selbst finanzieren, manche sogar, wie Norbert Feldhoff zugibt, ganz.

Hokuspokusverschwindibus: Mit Ausnahme von ein paar wenigen unterstützungsbedürftigen Klösterlein wie etwa den wirklich bettelarmen Armen Klarissen in Köln-Kalk fehlen auch die siebzig Nonnenorden, die im Erzbistum Köln nicht nur beten und arbeiten, sondern auch im Immobiliengeschäft sehr erfolgreich tätig sind. Es fehlen die Kassen der Jesuiten und der 35 Mönchs-Orden. Es fehlt der ganze Mammon des Opus Dei, das nicht zufällig sein deutsches Hauptquartier in Köln aufgeschlagen hat.

Hokuspokusverschwindibus: Im Haushalt für das Erzbistum Köln fehlt der reiche und umsatzstarke Malteser-Orden (Generalsekretariat neben der Kaufhof-Hauptverwaltung in Köln). Der »Bund katholischer Unternehmer« fehlt genauso wie Norbert Blüms eigene »Katholische Arbeitnehmerbewegung«. Es fehlt die »Bontours katholische Reise G.m.b.H.« Vor allem fehlt die »Pax-Bank«. Fast alle 131 katholischen »Organisationen, Institutionen und Verbände«, die laut »Personalschematismus« im Erzbistum tätig sind, und von denen die meisten – Bonn gehört zur Diözese Köln – hier ihre Zentrale und ihre Kasse haben, fehlen im Haushalt für das Erzbistum Köln.

So vieles fehlt in diesem Haushalt, daß einer schon rund um den Globus reisen muß, um etwas zu finden, was sich mit Norbert Feldhoffs Genie der Bilanzgestaltung messen kann. So nämlich, genau so gestalten die erfolgreichen Manager der großen japanischen Weltkonzerne ihr Budget. Aus den schönsten historischen Gründen und juristisch einwandfrei gliedern sie so viele Zuliefer-, Zweig-, Tochter- und Großmutter-Betriebe aus ihrem Haushalt aus, daß unterm Strich nicht mehr übrigbleibt als, na, sagen wir mal, ganz bescheiden: für 1993 1 408 348 086 DM. Dies sei, gibt Generalvikar Feldhoff vor der Presse lächelnd zu, »wohl der größte katholische Haushalt der Welt«. Und keiner errät, warum der Kölner Generalvikar so gönnerhaft lächelt. Wahrlich, wahrlich, ich sage euch: Es ist noch viel viel mehr.

Wie viel ist es? Feldhoff selbst beziffert die Zahl der Lohn- und Gehaltsempfänger der katholischen Kirche im Erzbistum Köln auf 45 000. Gehen wir, zurückhaltend, pro Arbeitsplatz von einem Umsatz von

120 000 Mark aus, so dürfte die Summe aller Haupt-, Neben- und Schattenhaushalte der Katholischen Kirche im Erzbistum Köln derzeit im Jahr zwischen fünf und sechs Milliarden liegen. Das ist etwa gleichviel wie der Gesamt-Haushalt der Großstadt Köln (1993: 5,9 Milliarden).

Ums Haar hätten wir übersehen, was in Generalvikar Feldhoffs Haushaltsplan am unauffälligsten fehlt. Das ist die »Dunkelgraue Kasse« der Kölner Kurie.

Das Kunststück ist seit vielen Jahren unbemerkt das gleiche. Nehmen wir das Jahr 1991. Da hat der Generalvikar die Einnahmen des Erzbistums im Haushaltsplan auf 1,140 Milliarden angesetzt. In Wirklichkeit hat er dann aber 1,389 Milliarden eingenommen. Das sind 22% mehr. Natürlich plant ein Financier vom Format Norbert Feldhoffs nicht blind um 22% an den wirklichen Einnahmen vorbei. Er hat da einfach 1991 in aller Stille, das heißt: ohne Nachtragshaushalt, 249 Millionen Mark zur Verfügung gehabt für gute Zwecke, denen es nicht unbedingt gut täte, wenn sie an die große Glocke gehängt würden. Aus dieser »Dunkelgrauen Kasse« hat er zum Beispiel kürzlich eines der teuersten Häuser Kölns gekauft, nämlich, unmittelbar vor dem Dom, das Gebäude der »Bank für Gemeinwirtschaft«. Und so taucht der Kaufpreis in keinem Haushalt auf.

Und jetzt das Unbegreifliche, der eigentliche Skandal: Wie, wenn im Neuen Testament Jesus nicht vorkäme? Nun. Im Haushalt für das Erzbistum Köln fehlt der Papst! Und er fehlt nicht etwa, weil er sich in der »Dunkelgrauen Kasse« versteckt hielte. Nein. Er fehlt, weil unser Hochwürdigster Herr Generalvikar und Ökonom des Erzbistums für unseren Heiligen Vater in Rom im schlimmsten Wortsinn nichts übrig hat.

Wohl hat er einen enormen Haushaltsposten »Gesamtkirchliche Ausgaben« mit, 1993, 106 Millionen Mark Ausgaben. Das ist die Kölner Kasse, aus der die Kathedrale von Tokio gebaut wurde. Aus dieser Kasse bringt Generalvikar Feldhoff gerne auch persönlich Hilfe in den brasilianischen Dschungel. Und kommt dann jedesmal hoch erbaut zurück: »Wer in südamerikanischen Ländern erlebt hat«, schreibt er, »wie Bischof und Oberin bei Frühstück die neuesten Wechselkurse austauschen, fragt sich doch, ob unser Kirchensteuersystem nicht die größere Freiheit für das seelsorgliche Wirken ermöglicht.«

Außer dem gemeinsamen Frühstück von Bischof und Oberin am Amazonas wird aus dieser Kasse auch Radio Veritas finanziert, jener katholische Sender auf den Philippinen, der, wie das Presseamt der Kölner Kurie stolz verkündet, »eine Milliarde Chinesen« erreicht.

Nanu. Wichtiger als eine Milliarde Chinesen ist doch wohl der Heilige Vater ganz allein! Wichtiger ist die römische Kurie, die, horribile dictu, kaum noch ein Zehntel der Einnahmen der kölnischen Kurie hat und deren Haushalt nicht einmal mehr zur Hälfte gedeckt ist.

So schlimm steht es inzwischen, daß sogar die Bleistifte im Vatikan streng rationiert worden sind. Daß die Kardinäle mit einem Monatsgehalt von knapp 3000 Mark schon fast am Hungertuch nagen. Daß die Zahl der Lohn- und Gehaltsempfänger im Vatikan auf 2450 eingefroren werden mußte, während zu gleicher Zeit im Erzbistum Köln die Zahl der Menschen, die bei der Katholischen Kirche satt im Brot sind, auf 48 000 angeschwollen ist.

Dies ist die Stunde der Not. Es ist die Stunde, in der

der Apostel mahnt: »Einer trage des anderen Last. So erfüllet ihr das Gesetz Christi« (Galater 6,2). Wie hält es die reiche Kurie zu Köln in der Stunde der Not gegenüber der armen Kurie in Rom mit dem Gesetz Christi?

Zwei winzige Brosämchen fallen vom Tisch des reichen Kölner Prassers: 360 000 Mark (15 Pfennig pro Seele) bekommt der römische Bettler als barmherzige Spende, als »Peterspfennig«, aus dem Erzbistum Köln. Dazu noch herausrechenbar als Kölner Spendenanteil aus dem streng geheimen »Gemeinsamen Haushalt« der deutschen Bistümer 1,6 Millionen Mark. Alles zusammengerechnet knapp zwei Millionen Mark. Wer es fassen kann, der fasse sich an den Kopf: Vom Gesamtumsatz im Erzbistum Köln sind das 0,03 Prozent. Niente. Gnadenlos läßt die steinreiche Kurie in Köln die bettelarme Kurie in Rom im Stich.

Wenn ihn ein Gespräch besonders gefreut hat, pflegt Generalvikar Feldhoff seinem Besucher zum Schluß persönlich das gewaltige Fresko zu erklären, das über zwei Etagen die Eingangshalle zu seinem Büro schmückt: »Schauen Sie«, sagt er, »das ist die Misericordia, die göttliche Barmherzigkeit.«

Das Fresko zeigt zu Füßen des Erlösers einen elenden Menschen, von Schwären bedeckt. Der arme Lazarus! »Schauen Sie seine Gesichtszüge«, sagt Norbert Feldhoff, »gleicht er nicht zum Verwechseln Papst Johannes Paul II.?«

Und mit einem Lächeln, aus dem Freundlichkeit spricht, aber auch der Wille, zurückzukehren zu wichtigeren Geschäften, geleitet der Wahrer und Mehrer des Erzbistums Köln den Besuch zur Tür.